# 예술에 대한
# 여덟 가지 답변의 역사

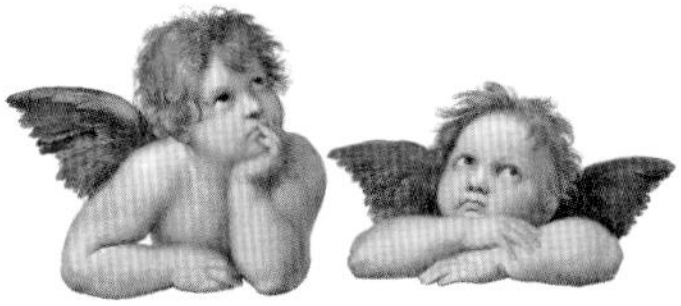

# 예술에 대한 여덟 가지 답변의 역사

**초판 1쇄 펴낸날** 2020년 5월 20일
**초판 11쇄 펴낸날** 2024년 9월 2일

**지은이** 김진엽
**그린이** 신동민
**펴낸이** 홍지연

**편집** 홍소연 이태화 김선아 김영은 차소영 서경민
**디자인** 이정화 박태연 박해연 정든해
**마케팅** 강점원 최은 신종연 김가영 김동휘
**경영지원** 정상희 여주현

**펴낸곳** ㈜우리학교
**출판등록** 제313-2009-26호(2009년 1월 5일)
**제조국** 대한민국
**주소** 04029 서울시 마포구 동교로12안길 8
**전화** 02-6012-6094
**팩스** 02-6012-6092
**홈페이지** www.woorischool.co.kr
**이메일** woorischool@naver.com


ISBN 979-11-90337-34-2 43600

# 예술에 대한 여덟 가지 답변의 역사

김진엽 지음

우리학교

서문

## 예술, 그 숲의 도레미

2007년 여름, 햇살 가까운 평창의 700 고지 중턱 어디선가, 이 책 초판의 마지막 나가는 말을 썼다. 본문은 진작 마무리했는데 나가는 말을 쓰지 못해, 딴전 필 겸 객지에 보름가량 머물렀다. 그 보름 중의 어느 날, 소나기가 쏟아졌다. 숲을 두드리는 소리가 리듬을 일깨웠다. 한달음에 썼다.

그해 가을, 책은『예술에 대한 일곱 가지 답변의 역사』로 첫 출간 되었다. 그 후 제법 쇄를 거듭하였고, 개정판을 내게 되었다. 개정판을 내며 초판에 한 가지 답변을 더하였다. 이 책의 8장인 '경험으로서의 예술'이다. 따라서 개정판의 제목은『예술에 대한 여덟 가지 답변의 역사』다.

십 년 넘는 세월 동안, 세상에는 예술에 대한 아주 새로운 답변이 나오지는 않았다. 기존의 답변 후보 중 좋아하던 후보를 골라 뽑아 더했을 뿐이다. 그 세월 동안 우리 곁의 예술들도 대폭 새로움을 더하지는 않았다. 다만, 책을 다시 매만지며 기존 책의 이미지들을 그 세월 동안 나의 눈과 마음에 새로이 담은 이미지들로 바꾸었다. 아울러, 들어가는 말인 '퍼즐 열기'에 인공지능에 대한 새로운 예화를 추가하였다.

신경생리학 또는 뇌과학 등이 유행이다. 예술에 대한 답변도 그에 맞추어 나온다. 알파고 덕으로 인공지능에 대한 논의도 활발하다. 그와 관련한 작품도 창작된다. 시간과 작품이 쌓이면 궁리를 더해 여덟을 아홉으로, 아홉을 열로 늘리고 싶다.

예술이란 무엇인가? 그 기초적 질문에 대한 다양한 답변의 소개가 이 책의 목적이다. 이해를 돕기 위해 예술 작품이 함께 했지만, 이 책의 기본적 특징은 이론적 분석과 성찰이다. 철학이 틀을 이루었고, 예술이 그 속을 채웠다. 때론 틀 밖으로 나들이도 했다. 나들이 후의 세상은 그 이전의 세상과 달랐다. 소개하는 내내 이야기꾼 흉내를 냈다. 어설픈 이야기에 편집의 맛과 그림의 멋을 더해준 우리학교 편집부와 신동민 화백께 감사드린다.

2020년 이른 여름

김진엽

차례



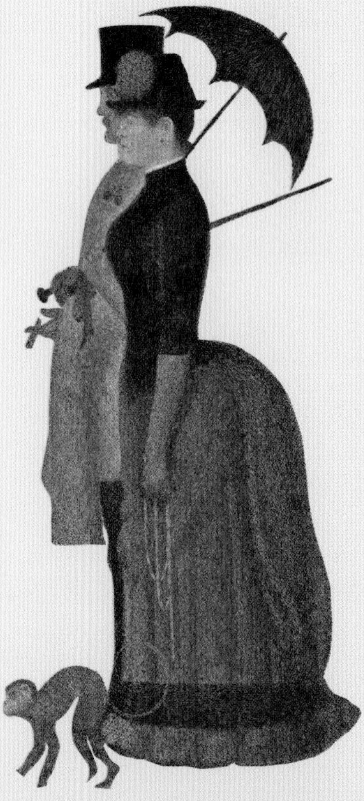

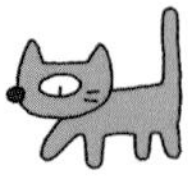

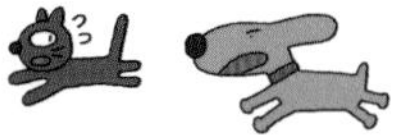

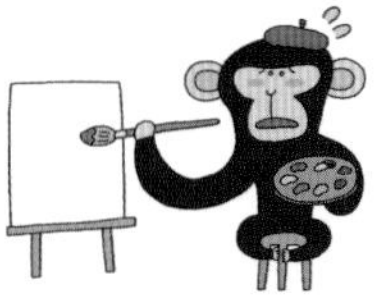

제7장
## 세렝게티 초원의 추억
### 진화심리학과 예술



제8장
## 치고 달리며, 쓰고 지우며
### 경험으로서의 예술



## 나가는 말



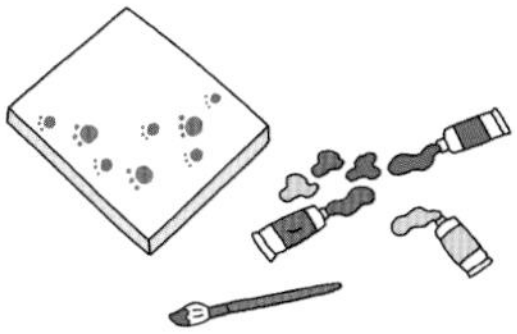

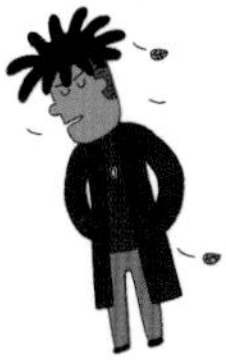

# 들어가는 말

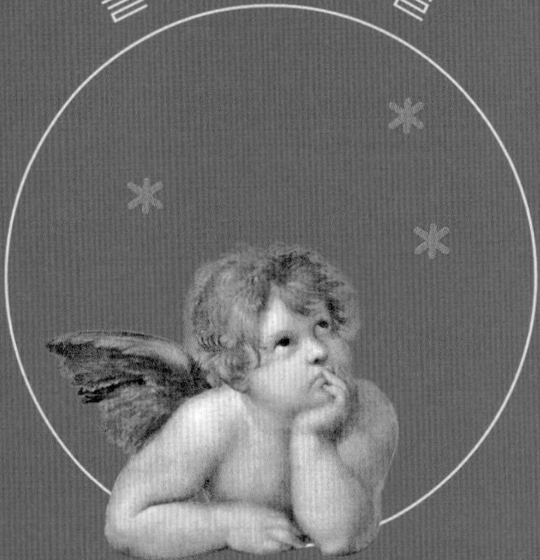

# 퍼즐 열기

## 1. 햄버거와 케첩병

"한복 옷고름이 휘날리는 모습을 보고 구상했습니다."

청계천 입구, 청계광장에 세워진 조형물 〈스프링Spring〉에 대한 작가의 말이다. 이 작품은 청계천의 시작을 알리는 상징 구실을 하고 있다. 봄, 용수철, 샘, 도약……. '스프링'이라는 단어에 담긴 여러 의미를 이 작품에 적용해 보자. 여러분 나름대로 다양한 해석이 가능할 것이다. 이 조형물의 겉모습은 다슬기 같다. 알록달록한 커다란 다슬기가 하늘을 향해 솟구쳐 오른다.

다슬기 아래쪽에는 청계천이 시작되는 샘이 콸콸 흐르고, 그 안에는 붉고 푸른 끈이 거대한 리본 모양으로 드리워져 있다.

이 작품의 작가 클래스 올덴버그Claes Oldenburg(1929년~)는 이렇듯 우리 주변에서 흔히 접하는 대상을 거대하게 제작하는 데 일가견이 있다. 여러 공공장소에 설치된 아이스크림, 타자기, 치즈케이크, 빨래집게, 호미, 볼링공, 립스틱, 셔틀콕, 야구방망이, 톱, 옷핀 등을 거대하게 제작한 그의 작품들은 시민들에게 새로운 상상력을 불러일으킨다. 그의 작품 중에는 석고, 고무, 천 등을 이용해 만든 지름 212센티미터, 높이 132센티미터의 초대형 햄버거도 있다. 실제로 먹을 수는 없지만, 빵 사이에 고기와 토마토, 치즈가 차곡차곡 끼워져 있다. 캐나다의 한 지역 미술관에서 이 거대한 〈햄버거〉를 사들였다. 작품이 설치되자 미술관뿐만 아니라 지역 언론까지

올덴버그, 〈스프링〉, 2006년.
올덴버그, 〈편지가 든 병〉, 1993년.
올덴버그, 〈볼링 핀〉, 2000년.

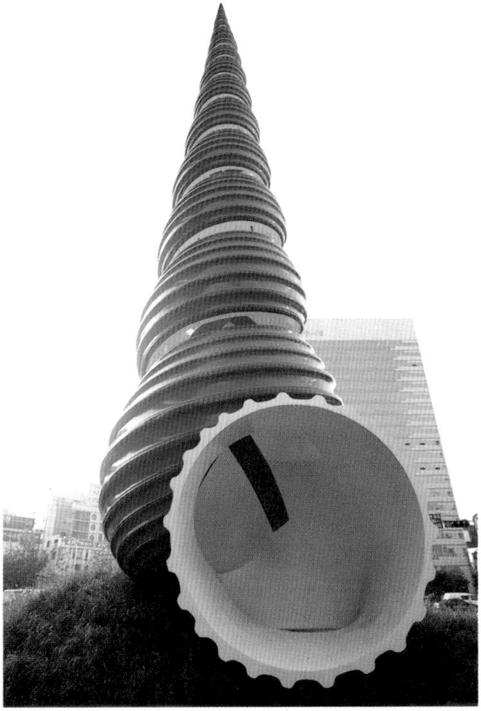
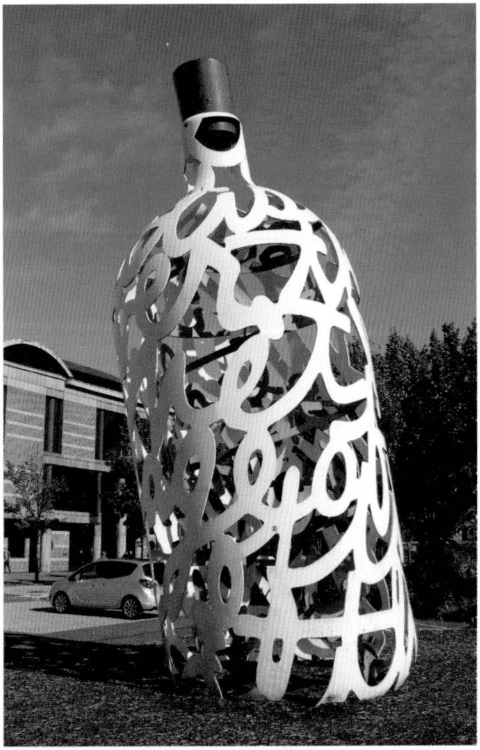
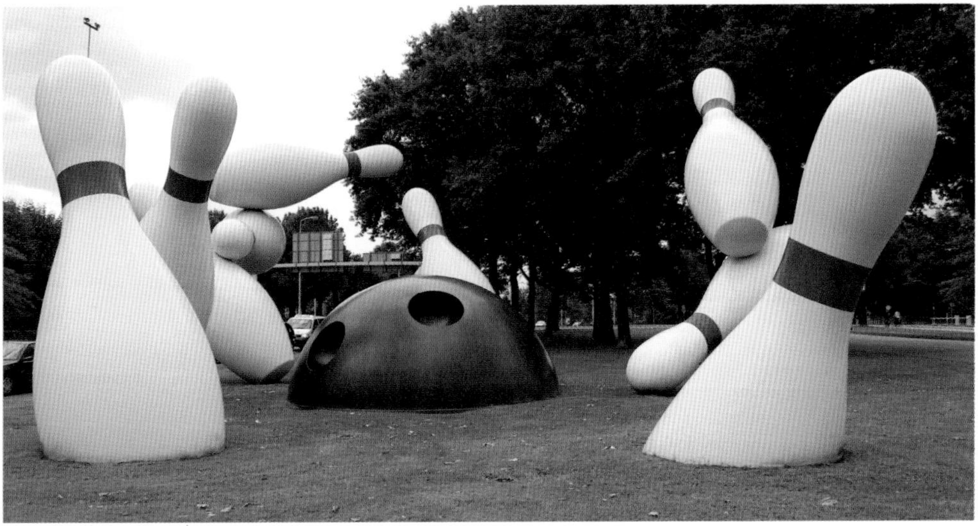

일상의 소재를 예술로 승화시킨 올덴버그의 작가 정신에 찬사를 보냈다.

그러던 어느 날 난데없이 올덴버그의 〈햄버거〉 옆에 비슷한 크기의 '케첩병'이 위용을 뽐내고 있는 것이 아닌가. 이를 본 미술관 관장은 담당 큐레이터를 불렀다.

"이 케첩병은 무엇인가?"

"글쎄요."

"글쎄요라니. 〈햄버거〉와 짝을 이루는 올덴버그의 작품 같기도 한데……."

"그런 얘기는 못 들었는데요. 아무튼 자초지종을 곧 알아보겠습니다."

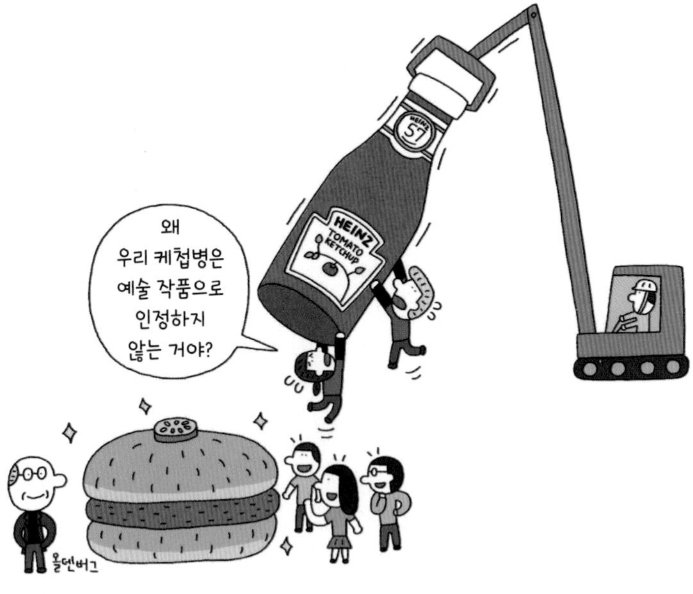

당황한 큐레이터는 어떻게 된 일인지 수소문해 보았다. 올덴버그는 자신은 케첩병을 만들지 않았다고 말했다. 대형 케첩병을 만든 사람은 그 지역 미술대학 학생들이었다. 미대생 몇 명이 판지로 〈햄버거〉와 비슷한 크기의 대형 케첩병을 만든 다음 이를 〈햄버거〉 옆에 슬그머니 세워 놓았던 것이다. 사건의 전모를 알게 된 미술관장은 격노했다. 지역신문도 이 해프닝을 소개하면서 케첩병에 대해 못마땅한 입장을 드러냈다. 결국 케첩병은 철거되고, 〈햄버거〉만 홀로 남았다.

## 2. 추상화가 동키콩

어느 동물원에 동키콩●이라는 원숭이가 살고 있었다. 동키콩은 나무 막대기로 바닥에 무엇인가 그리기를 좋아했다. 동키콩의 재주를 신기하게 여긴 사육사가 하루는 동키콩에게 종이와 크레용을 가져다주었다. 며칠 뒤, 사육사는 깜짝 놀랐다. 동키콩이 종이에

● 영국의 동물행동학자 데즈먼드 모리스Desmond Morris는 1957년 '콩고'라는 침팬지에게 붓질하는 방법을 가르치고, 콩고가 그린 그림을 모아 전시회를 열었다. 모리스는 침팬지들이 인간의 예술을 이해하고 있다고 주장했다. 오른쪽 그림들이 침팬지 콩고가 그린 작품이다.

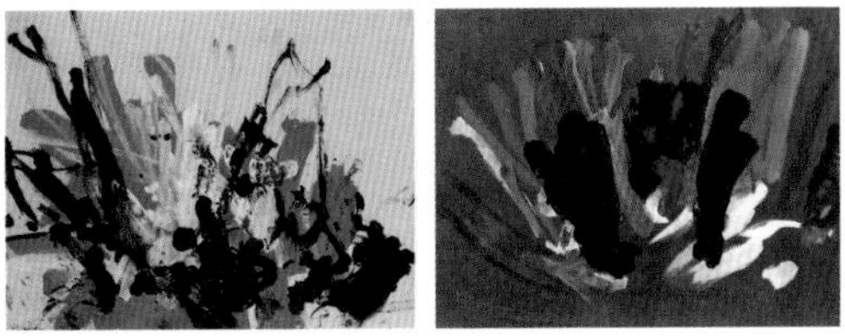

크레용으로 그림을 그려 놓은 것이 아닌가. 제법 그럴듯한 추상화풍 그림이었다. 사육사는 그 그림을 동물원 원장에게 가져갔다.

"원장님, 동키콩이 그린 그림 좀 보세요."

"뭐, 이걸 동키콩이 그렸다고?"

"네, 그렇다니까요."

"우리 동물원 전시실에 걸어 보게."

이렇게 해서 동키콩의 그림은 동물원 전시실에 박제된 뱀, 공룡 화석 등과 함께 전시되었다. 관람객들의 반응은 놀라웠다. 그들은 때때로 경탄을 금치 못했다. 소문은 꼬리를 물고 퍼져 나가, 동물원 옆 미술관 관장의 귀에도 들어갔다. 큐레이터들과 함께 전시실을 찾은 미술관 관장도 동키콩의 그림을 보고 놀랐다. 동물원 원장을 찾아간 미술관 관장은 동키콩의 그림을 미술관에도 걸고 싶

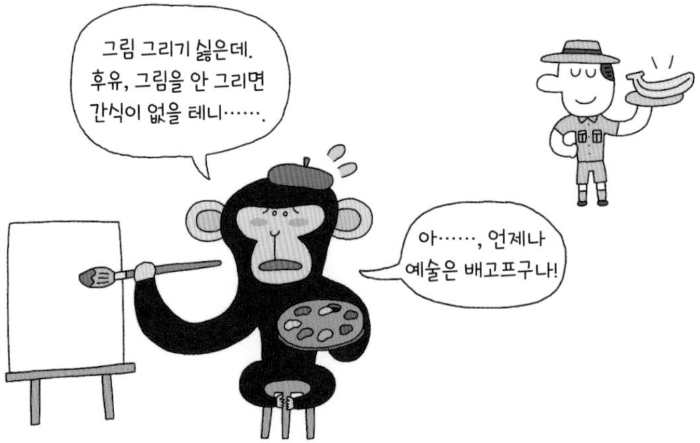

다고 제안했다. 동물원 원장은 흔쾌히 승낙했다. 미술관 관장은 사육사를 통해 동키콩에게 추가 작품을 의뢰하고 저작권 문제 등 몇 가지 절차를 마무리했다. 마침내 미술관에서도 동키콩의 전시회가 열렸다. '동키콩 개인전: 사바나의 추억'. 관람객들의 반응은 크게 엇갈렸다.

"맙소사, 미술관이 동물원이 되어 버렸네! 우리 집 강아지 입에도 붓을 물려 그림을 그리게 하고 여기다 전시해야겠어."

"그렇게까지 냉소적일 거 뭐 있어. 선과 색이 꽤 조화로운걸. 충분히 예술로서 자격이 있어."

## 3. 기울어진 호

서울 강남의 테헤란로 포스코센터 앞에는 소나무들 사이로 '쇠나무' 한 그루가 서 있다. 쇠로 만든 이 나무의 이름은 〈아마벨Amabel〉이다. 〈아마벨〉의 나뭇가지에는 꽃 모양과 널빤지 모양 등 여러 형태의 쇳조각들이 육중하게, 그리고 어지럽게 얽혀 있다. 미국의 유명한 미술가 프랭크 스텔라Frank Stella의 작품으로, 높이는 약 9미터, 무게는 30톤에 이르며, 가격은 1997년 당시 180만 달러였다.

이 작품은 설치되자마자 논란에 휩싸였다. "소형 비행기가 날다가 떨어져 부서진 듯하다.", "고철 덩어리라 흉물스럽다.", "포항

제철의 강인한 철강 이미지를 제대로 살렸다.", "작가의 실험 정신이 놀랍다." 갑론을박이 벌어졌다. 그리고 때론 이전이나 철거 위기에 몰리기도 했다.

미국에서도 이와 비슷한 사례가 있었다. 1981년 미국의 미술가 리처드 세라Richard Serra는 뉴욕 맨해튼 남쪽 제이콥 자비츠 정부 청사 앞 광장에 〈기울어진 호Tilted Arc〉라는 작품을 설치했다. 건축비의 0.5퍼센트를 예술 작품에 사용해야 한다는 '공공 예술에 관한 규정'에 따라 17만 5000달러를 들여 제작한 작품이었다. 가공하지 않은 철을 사용한 이 작품은 너비 36.5미터, 높이 3.65미터 규모의 벽으로, 기울어진 호 모양이었다. 정부 청사 앞 광장을 반으로 가르고 있는 이 작품 역시 설치 직후부터 논란을 불러일으켰다. 결국 작품이 설치된 지 4년이 지난 1985년 3월 이 작품의 철거 여부를 결정하기 위한 공청회가 열렸다.

"이곳 직장인들과 주민들의 휴식 공간을 녹슨 고철 더미가 빼앗아 버렸습니다."
"여론의 압력에 직면할 때마다 정부가 작품을 파괴할 수 있다고 한다면, 예술적 다양성을 증진하고 창조적 표현의 자유를 최대한 지켜 줘야 할 정부의 권한은 심각한 위기에 처할 것입니다."
"공적인 장소에 놓이는 미술의 목적이 힘든 일상사로부터의 탈출구를 봉쇄하고, 인간적 즐거움과 희망의 부재를 강조하는

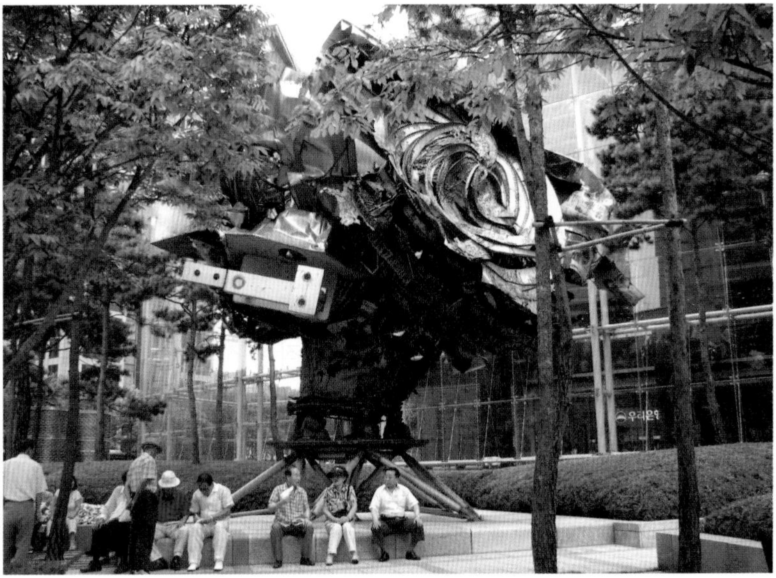

스텔라, 〈아마벨〉, 1997년.

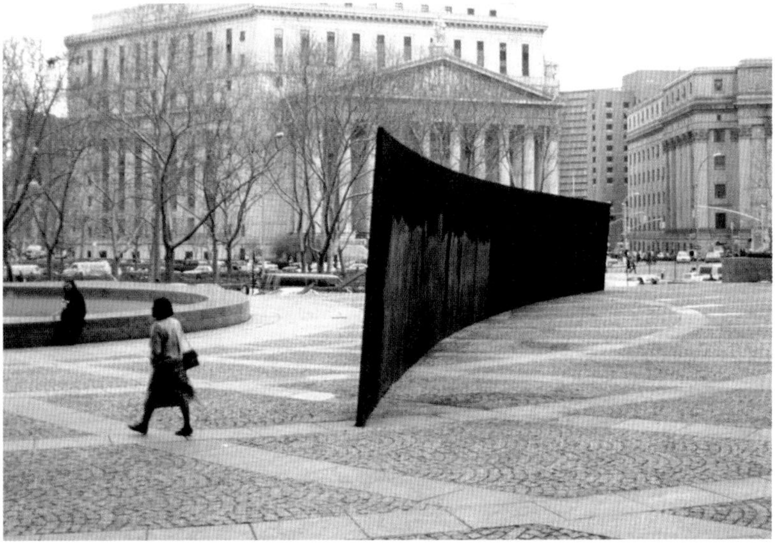

세라, 〈기울어진 호〉, 1981년.

것인가요? 보통 사람들의 평범한 인간성을 경멸하고 모욕하면서 태어난 예술, 인간 경험의 공통 요소에 경의를 표하지 않는 예술이 위대한 예술일 수는 결코 없습니다."

"예술적 반항은 그 자체가 일종의 창조적 행위입니다. 한 사회의 자유와 민주주의의 진정한 척도는 그 사회가 허용하는 이런 종류의 반항으로 가늠해 볼 수 있다고 말하고 싶습니다. 그러므로 이 사회가 참아 낼 수 있는 반항의 한 척도로서 세라의 작품을 그대로 놔두어야 합니다."

공청회에 참석한 180명 중 122명은 철거에 반대했고, 58명은 찬성했다. 그러나 공청회가 끝난 뒤, 다섯 명의 배심원은 4 대 1로 철거에 찬성하는 결정을 내렸다. 세라의 항소는 기각되었다. 1989년 3월 15일 밤, 〈기울어진 호〉는 세 조각으로 잘린 채 고철 야적장에 버려졌다.

## 4. 4분 33초의 침묵_우연의 음악

객석에는 청중들이 꽉 들어찼다. 오늘 이곳에서 새로운 곡이 처음으로 연주된다. 청중들은 호기심과 기대에 가득 차 공연장을 찾았다. 피아노 독주회가 열리는 무대 중앙에서 멋진 그랜드피아노가 화사한 조명을 받아 번쩍거렸다. 조금 뒤 피아니스트가 무대 한편

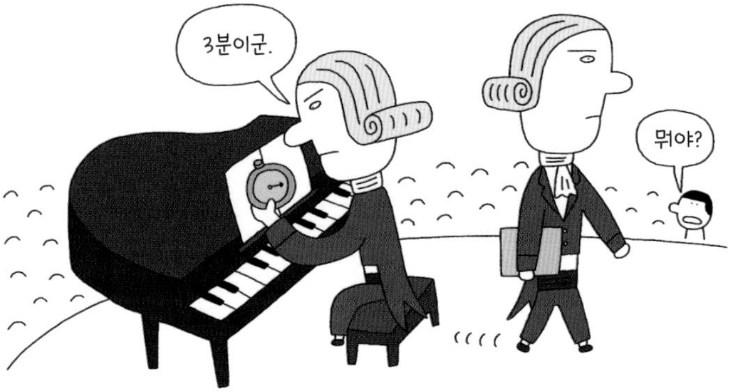


에서 천천히 걸어 나왔다. 피아니스트는 무대 중앙으로 걸어 나와 청중들에게 인사했다. 큰 박수가 이어졌다. 피아니스트는 사뿐히 피아노 곁으로 다가가 조심스레 의자에 앉았다. 그리고 건반 위에 긴 손가락을 올려놓았다. 검은 피아노, 희고 검은 건반, 긴 손가락이 펼쳐 내는 조화가 상큼하다. 청중들은 마른침을 삼키며 이어질 피아노 선율을 고대했다.

시간이 흘렀다. 30초, 1분. 그런데 아무런 소리도 들리지 않았다. 유명 음악가의 새로운 곡을 처음으로 연주하는 자리다 보니 피아니스트도 긴장한 듯싶었다. 피아니스트는 건반 위에 손을 올린 채 꼼짝도 하지 않았다. 너무 긴장한 탓에 손가락이 움직이지 않나 보다. 손가락이라도 풀면 좋으련만 손가락은 조금도 움직이지 않고 굳어 있다. 조금 더 기다려 보자. 2분, 3분. 여전히 피아노 소리는 들리지 않는다. 참았던 마른기침 소리가 객석에서 흘러나왔다.

가녀린 탄식도 희미하게 들려왔다. 무대 위 침묵의 시간은 4분을 넘어서고 있었다. 누가 딱히 시간을 재고 있는 것은 아니었지만 청중들은 각자의 손목시계로 이것을 확인할 수 있었다.

다시 얼마간의 시간이 지나고 마침내 소리가 들렸다. 그러나 피아노 소리는 아니었다. 피아니스트가 의자를 뒤로 물리며 일어나는 소리였다. 뚜벅뚜벅 발자국 소리가 이어졌다. 그러고는 다시 침묵. 피아니스트는 무대 밖으로 사라져 버렸다. 한순간 긴장감 도는 침묵이 이어지더니 곳곳에서 소리가 터져 나왔다.

"뭐야!"

"끝난 거야?"

"좀 기다려 보자고."

"우리를 희롱하자는 짓이잖아."

"다시 끌어내!"

"허허!"

미국의 유명한 실험 예술가 존 케이지John Cage●가 작곡한 악곡 〈4분 33초〉는 이런저런 아우성을 뒤로한 채 4분 33초 동안 성공적으로 공연되었다. 케이지는 작가가 미리 의도한 소리보다 청중들

● 20세기를 대표하는 실험적인 음악가. 도가와 선불교 사상에 영향을 받아 '우연의 음악'을 창조했다. 백남준과 함께 공연을 펼치기도 했는데, 이 공연에서 백남준은 케이지의 넥타이를 자르고 다른 공연자의 머리를 샴푸로 감겨 주어 관객들을 놀라게 했다.

이 객석에서 내는 우연의 소리를 강조하는 자신의 이런 음악을 '우연의 음악'이라 불렀다.

## 5. 성형 예술

수술실 조명은 눈이 부셨다. 긴장을 풀라는 담당 의사의 말이 멀리 퍼져 나가는 느낌이다. 마취제가 효력을 발휘하나 보다. 눈앞이 가물가물해진다. 수술대에 오르기까지의 과정이 주마등처럼 스쳐 지나간다.

6개월 전쯤 이 계획을 처음 말했을 때 모두들 황당하다는 반응을 내보였다. 이번 작품의 콘셉트는 '육신 아트'. 일종의 조각인데, 대리석이나 청동이 아닌 내 얼굴을 재료로 사용하는 조각이다. 하지만 내 얼굴을 조각하는 사람은 내가 아닌 성형외과 의사다. 작가인 나는 내 얼굴 성형에 대한 기본 계획안을 내고, 의사와 상의해 수술 계획을 세운다. 예정된 날짜에 병원에 가서 성형수술을 한다. 성형수술의 모든 과정은 비디오로 촬영해 공개할 예정이다. 회복된 뒤 성형한 얼굴도 공개할 것이다. 우리의 육신은 영구불변하는 것이 아니다. 생로병사의 과정을 거치며 변하고 늙는다. 이 과정을 자연의 순리에만 맡기지 않고 나 스스로 내 몸을 변화시킬 것이다. 이것이야말로 예술가의 진정한 창조 정신 아닌가!

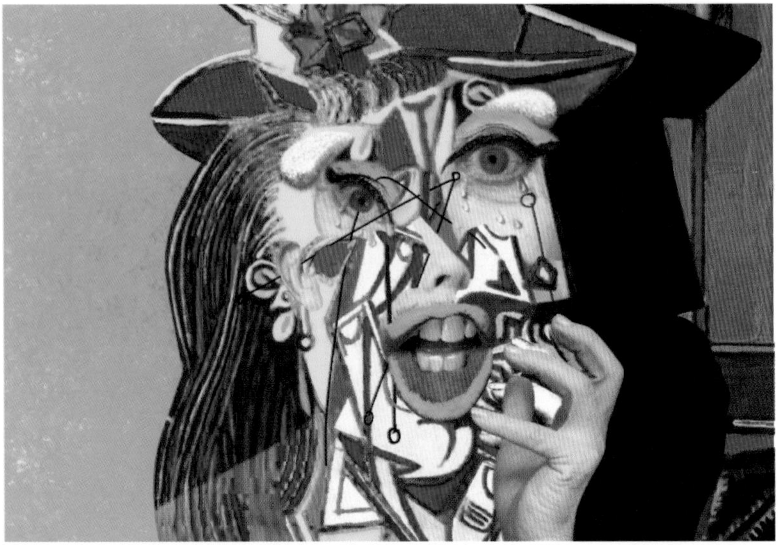

오를랑, <우는 여인>, 2019년.

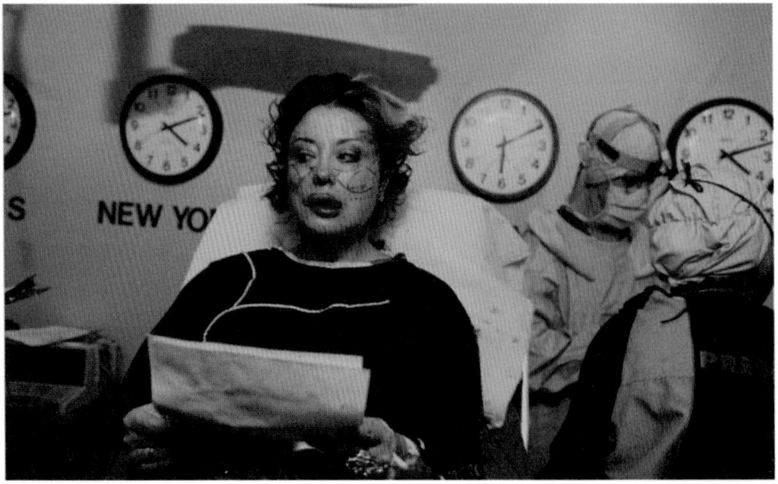


오를랑, <7번째 성형수술 퍼포먼스>, 1993년.

이 계획을 밝히고 나서 지금까지 겪어야 했던 우여곡절은 설명하지 않아도 짐작할 수 있을 것이다. 그러나 나는 온갖 어려움을 뚫고 마침내 수술대에 오르게 되었다. 수술비 걱정은 안 해도 된다. 병원에서 후원하기로 했으니까. 마취에서 깨어나면 나의 몸과 예술은 새로운 세상을 맞이하리라!

생트 오를랑Saint Orlan이라는 작가는 '육신 아트'라는 이름을 내걸고 의사가 자기 몸을 성형수술하는 장면을 관중들에게 보여 주는 퍼포먼스를 여러 차례 수행해 국제적 명성을 얻었다. 그녀는 '이것은 내 육신이요, 이것은 내 소프트웨어다'라는 강연에서 이렇게 말했다.

"내 작품은 투쟁이다. 선천적이고, 무정하고, 이미 프로그램화된 자연, DNA, 신에 대한 투쟁이다! 나의 작품은 신성모독이다!"

## 6. 인공지능 화가

가니즘Ganism은 새로운 스타일이다. 인상주의, 야수파, 큐비즘도 한때는 새로운 스타일이었다. 그런데 가니즘은 인공지능을 사용한다. 가니즘이 사용하는 인공지능은 인공신경망의 하나인 GAN으로, 생성적 적대 신경망Generative Adversarial Network의 줄임말이다. 이 신경망은 생성자와 구별자로 나뉜다. 생성자는 그림이나 사진

등 기존의 이미지들을 학습해 나름의 이미지를 생성한다. 구별자는 생성자가 만든 이미지가 기존의 이미지인지 새로운 이미지인지 판정한다. 생성자는 구별자가 명확한 판정을 못 하는 어리둥절한 이미지를 만드는 게 목표다. 구별자는 판정을 명확히 하는 게 목표다. 둘은 적이 되어 경쟁하며 기존의 이미지도 아니고 생뚱맞은 이미지도 아닌 새로운 이미지를 생성하려 애쓴다.

〈에드몽 드 벨라미〉, AI 화가 오비어스, 2018년.
〈행인의 기억 1〉, AI 화가 마리오 클링게만, 2019년.

정말 긴장되는 순간이다. 곧 소더비 경매가 시작한다. 과연 얼마에 팔릴지? 불과 몇 달 전인 2018년 10월의 크리스티 경매에서 인공지능 오비어스가 그린 초상화인 〈에드몽 드 벨라미〉가 40만 달러가 넘는 엄청난 가격에 팔렸다. 같이 경매에 나왔던 앤디 워홀의 작품은 7만 5천 달러에 팔렸다. 세상이 떠들썩했다. 이번 경매에 나온 내 작품도 인공지능 기법을 사용했다. 둘 다 스타일은 가니즘이다. 〈에드몽 드 벨라미〉가 14세기에서 20세기에 이르는 초상화 1만 5천 점을 학습한 GAN이 창조한 작품이라면, 나의 〈행인의 기억 1〉은 여기에 초현실주의 스타일을 더하여 창조한 작품이다. 〈에드몽 드 벨라미〉는 이미지를 출력해 액자에 담은 것이지만, 내 작품에는 인공지능 GAN도 밤나무로 만든 가구에 담겨있다. 그와 연결된 두 개의 스크린에서 쉬지도 반복하지도 않고 초상 이미지가 펼쳐진다.

경매 결과가 나왔다. 5만 달러 남짓에 팔렸다. 아쉽다. GAN이 그 아쉬움을 다음 작품에 꼭 표현하기를 바란다. 이제 시작일

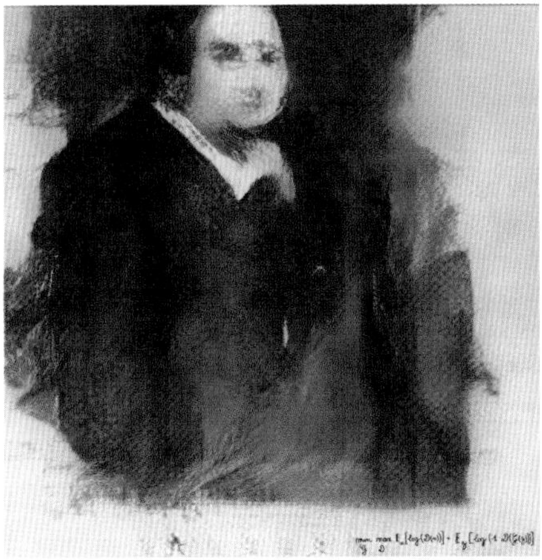

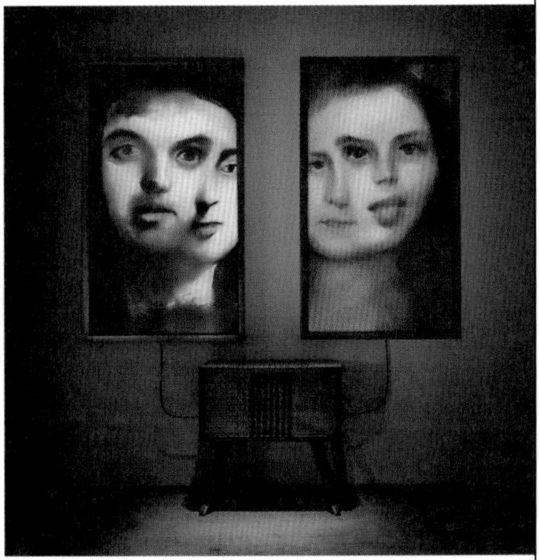

뿐이다. GAN이 더 많은 작품을 학습하면, 더 좋은 작품을 창조하리라. 인공신경망들이 더 많이 개발되면, 더 멋있는 예술의 스타일들이 꽃피리라.

## 7. 그것은 예술?

지금까지 소개한 사례들은 조금씩 각색하기는 했지만 모두 실화에 바탕을 두고 있다. 다소 엉뚱한 면이 있지만, 예술은 당대의 기준에 비추어 보았을 때 엉뚱한 발상과 파격을 통해 진화해 온 경우가 적지 않다. 특히 자유로운 개성이 허용되는 현대에 들어오면서 이러한 사례는 점점 늘어나고 있다. 그런데 지금까지 살펴본 이야기들은 예술에 대한 매우 기본적인 질문들을 떠올리게 한다.

왜 올덴버그의 〈햄버거〉는 미술관이 소장한 예술 작품이고, 미대생들의 '케첩병'은 철거되어야 하는 잡동사니인가? 예술 작품과 잡동사니를 나누는 기준은 무엇인가? 이 질문에 대한 답변 중 하나는 올덴버그의 〈햄버거〉는 독창적인 작품인 반면, 학생들의 케첩병은 흉내 내기에 불과하다는 것이다. 전자는 예술 작품이고, 후자는 잡동사니다.

그렇다면 미술관에 걸린 동키콩의 작품은 어떤가? 동키콩의 그림은 독창성을 인정받아 미술관에 걸렸기 때문에 잡동사니가 아닌 예술 작품이 되는가? 세라의 〈기울어진 호〉는 작가의 독창성이 충분히 발휘되었음에도 잡동사니와 마찬가지로 고철 야적장에 버려졌다. 따라서 이 경우에는 작가의 독창성만으로는 예술과 비예술을 나누는 기준을 설명하기 어렵다. 오히려 사회적 합의가 더 중요하다. 〈기울어진 호〉는 공청회라는 사회적 절차를 거쳐 철거되어야 하는 대상이라고 합의했기 때문에 예술 작품이 아닌 잡동사니가 되는 것이다.

그렇다면 케이지의 〈4분 33초〉나 오를랑의 '육신 아트'는 이 작품들을 예술로 인정해 주는 사회적 합의에 도달할 수 있을까? 이들의 작품은 오히려 사회적 합의와 같은 관례에 도전하고 저항함으로써 예술로 인정받는 것이 아닐까?

GAN을 비롯한 인공지능이 예술을 창작한다. 동키콩보다 훨씬 더 강력한 인간 예술가의 라이벌이다. 인류 역사의 유산인 기존의 수많은 예술 작품들을 어마어마한 속도로 학습하며 주도면밀한 창조성을 이루어낸다. 예술은 더 이상 인간의 고유한 영역이 아닌 것일까? 시를 쓰고, 그림을 그리고, 조각을 빚고, 작곡을 하는 수많은 인공지능 알고리즘이 개발될 것이다. 인간이 창작해야만 예술이 될 수 있는 시대는 이제 끝을 맞이하는가?

앞에서 살펴본 이야기들을 통해 예술과 비예술을 나누는 기준이 그리 쉽게 마련될 수 없음을 짐작할 수 있다. 도대체 무엇이 예술이고 무엇이 예술이 아닌가? 우리는 이제 이 기준을 '예술이란 무엇인가?'라는 질문으로 압축해 그에 대한 답변들을 살펴볼 것이다.

'예술이란 무엇인가?'라는 질문에 예술 작품으로 답할 수도 있을 것이다. 그림이나 시나 음악으로 "예술은 이런 거예요." 하고 답을 내놓을 수 있다. 여러분 자신이 생각하는 예술을 종이 위에 시나 그림으로 형상화해 보자. 어떤 시가 쓰이고 어떤 그림이 그려질까?

창밖에 밤비가 속살거려
육첩방六疊房은 남의 나라,

시인이란 슬픈 천명인 줄 알면서도
한 줄 시를 적어 볼까,

땀내와 사랑내 포근히 품긴
보내 주신 학비 봉투를 받아

대학 노-트를 끼고

늙은 교수의 강의 들으러 간다.

생각해 보면 어린 때 동무들

하나, 둘, 죄다 잃어버리고

나는 무얼 바라

나는 다만, 홀로 침전하는 것일까?

인생은 살기 어렵다는데

시가 이렇게 쉽게 씌어지는 것은

부끄러운 일이다.

육첩방은 남의 나라

창밖에 밤비가 속살거리는데,

등불을 밝혀 어둠을 조금 내몰고,

시대처럼 올 아침을 기다리는 최후의 나,

나는 나에게 작은 손을 내밀어

눈물과 위안으로 잡는 최초의 악수.

윤동주의 시 「쉽게 씌어진 시」다. 시인은 어두운 시대를 등불처럼 비추어 줄 시를 갈망하고 있다. 이렇듯 예술에 대한 자신의 견해를 예술로 표현하는 예술가도 많이 있다. 그러나 이 책은 예술적 답변이 아닌 이론적 답변에 초점을 맞출 것이다.

'예술이란 무엇인가?'라는 질문에 대한 이론적 답변들은 어떤 모습을 하고 있을까? 고대 그리스 철학자들의 사유에서부터 다양한 형태로 저마다의 개성을 분출하고 있는 현대의 예술론까지, 예술을 바라보는 시각은 어떻게 변화해 왔을까? 이론적 답변이라고 해서 딱딱하고 어렵기만 한 것은 아니다. 예술에 대한 다양한 답변과 질문들, 기존 입장의 모순을 지적하며 변화해 가는 사유의 전복 과정, 그 흥미로운 역사를 여행하는 가운데 예술에 대한 여러분 나름의 생각을 세워 볼 수 있을 것이다.

# 제 1 장

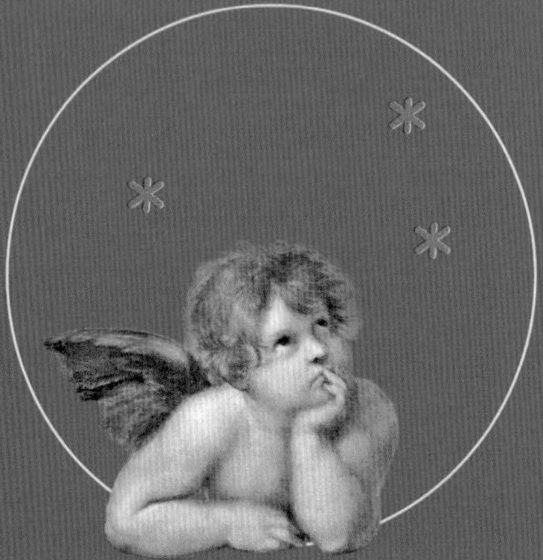

# 세상을 비추는 거울

## 모방론

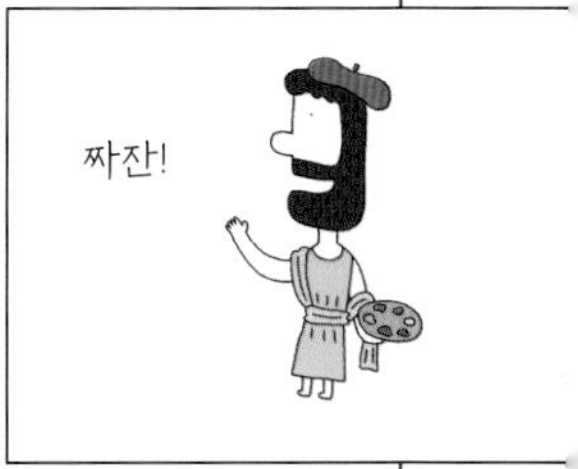


## 1. 화가들의 경연

제욱시스Zeuxis●는 고대 그리스 최고의 화가로 명성을 날렸다. 그가 마을 어귀 담벼락에 포도나무를 그려 놓자 새들이 그림 속 포도를 먹으려고 날아들었다. 너무 세게 날아든 새들은 담벼락에 부딪혀 피를 뚝뚝 흘리며 죽었다. 이를 안타깝게 여긴 동네 사람들은 제욱시스에게 간청했다.

"포도나무 옆에 막대기를 들고 새를 쫓는 우락부락한 소년을 그려, 무고한 새의 죽음을 막아 주십시오."

제욱시스가 사람들의 청을 받아들여 담벼락에 포도나무를 지키는 소년의 모습을 그리자 더 이상 새들이 날아들지 않았다. 제

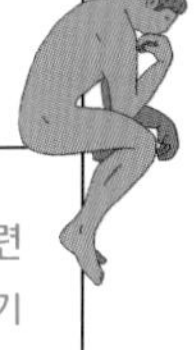

● 기원전 5세기 무렵 활동한 고대 그리스의 전설적인 화가다. 그리스 신화에 등장하는 여러 신과 그와 관련된 일화들을 그린 것으로 알려져 있지만, 남아 있는 작품은 하나도 없다. 추한 노파를 그리던 중 모델의 기묘한 주름살을 보고 너무 웃는 바람에 질식해 죽었다고 한다.

욱시스의 명성이 나는 새도 떨어뜨릴 정도가 되자 그를 시기하는 경쟁자들이 나타났다. 그중 한 화가가 제욱시스에게 일대일로 그림 경연을 벌이자고 요청했다. 제욱시스는 기꺼이 도전을 받아들였다. 심사 위원단이 구성되었고, 두 사람은 떨어져서 각자 그림을 그렸다.

정해진 시간이 다 되고 심사가 시작되었다. 자신에 찬 제욱시스는 자신의 그림을 먼저 심사해 달라고 거만을 떨었다. 경연의 긴장감을 높이기 위해 그림 앞쪽에 휘장을 드리워 놓았다.

"휘장을 걷으시오."

심사 위원장이 말하자 그림이 눈앞에 드러났다. 암컷 말이었다. 금방이라도 그림 밖으로 뛰쳐나올 듯 생동감이 넘쳤다. 심사 위원단과 구경꾼들은 경탄을 금치 못했다. 순간, 어디선가 말발굽 소리가 들려왔다. 수컷 말이었다. 수말 한 마리가 갈기를 휘날리며 달려와서는 그림 속 암말에게 입맞춤을 시도했다. 제욱시스의 승리는 따 놓은 당상인 듯 보였다.

제욱시스는 으쓱거리며 이제 경쟁자의 그림을 보자고 재촉했다. 경쟁자의 그림 앞쪽에도 휘장이 드리워져 있었다. 심사 위원장이 휘장을 걷으라고 말했다. 경쟁자는 머뭇거렸다. 그러자 제욱시스와 구경꾼들도 휘장을 빨리 걷으라고 웅성거렸다. 경쟁자는 야릇한 미소를 지으며 입을 열었다.

"나는 휘장을 그렸노라."

잠시 침묵이 흘렀다. 이번에는 제욱시스가 씁쓸한 미소를 지으

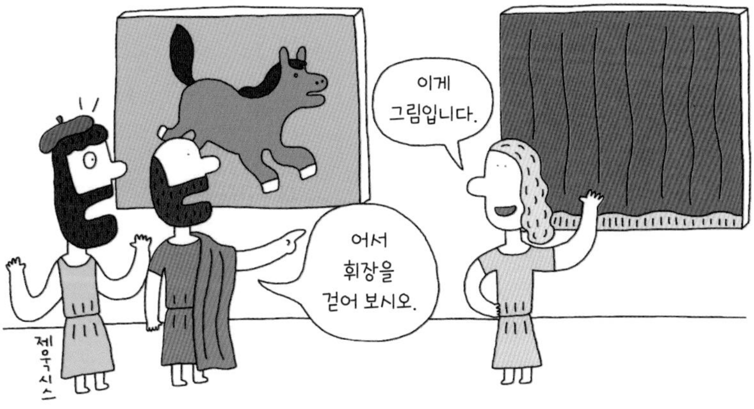


며 입을 열었다.

"내가 졌소. 나는 짐승의 눈을 속였지만, 당신은 사람의 눈을 속였구려."

경연은 이렇게 끝났다.

제욱시스의 일화는 우리에게 익숙한 솔거率居[●]의 전설과 매우 흡사하다. 솔거가 황룡사 벽에 그려 놓은 소나무 또한 얼마나 많은 무고한 새들의 목숨을 앗아 갔던가. 다른 사람이 새들의 잦은 충돌 때문에 색이 바랜 솔거의 소나무 그림에 덧칠을 하자 새들은 더 이상 그 그림에 날아들지 않았다고 한다.

● 신라 시대의 화가. 황룡사 벽에 그린 〈노송도〉와 분황사의 〈관음보살상〉 등으로 유명하지만 남아 있는 작품은 없다.

사자성어인 화룡점정畵龍點睛에 얽힌 이야기도 이와 비슷하다. 중국 양나라의 장승요張僧繇●가 금릉에 있는 안락사라는 절에 용 두 마리를 그렸는데 용의 눈동자를 그리지 않았다. 사람들이 이를 이상히 여겨 까닭을 묻자 그는 “눈동자를 그리면 용이 날아가 버리기 때문”이라고 대답했다. 사람들은 장승요가 허풍을 떤다고 생각하고 거듭 용의 눈동자를 그리라고 요구했다. 장승요는 마지못해 용 한 마리에 눈동자를 그려 넣었다. 그러자 갑자기 천둥이 울리고 번개가 치더니 용이 벽을 차고 하늘로 올라가 버렸다. 물론 눈동자를 그리지 않은 용은 그대로 남아 있었다.

오랫동안 예술가의 전설을 연구한 한 학자에 따르면, 예술가에 얽힌 전설에는 그 전설을 낳은 시대의 예술에 대한 희망과 가치관이 담겨 있다고 한다. 예컨대 제욱시스의 전설에는 그 전설을 낳은 그리스 시대의 예술에 대한 희망과 가치관이 담겨 있다고 할 수 있다. 그리스 시대 사람들은 예술이 외부 대상이나 사건을 실재하는 것처럼 생생하게 재현하기를 바랐고, 그런 예술을 높이 평가했다.

그리스 시대부터 형성된 이러한 예술관을 ‘모방론’이라고 한다. 모방론은 예술이란 외부 세계를 모방하는 일을 주업으로 삼는다고 주장한다. 그림은 외부 세계의 ‘대상’을 모방하고, 연극은 외부 세계의 ‘사건’을 모방하며, 음악은 외부 세계의 ‘조화’를 모방한다는 것이다. 모방론은 ‘예술이란 무엇인가?’라는 질문에 대한 대표적인 답변이자 가장 오래된 답변으로 여겨지고 있다. 그리스 시대의 많은 사람은 예술이 모방적 활동이라는 생각에 동의했다. 그렇지만

이 모방적 활동에 대한 평가는 당대 사람들 사이에서도 다르게 나타났다. 부정적 평가를 내린 사람들 중 으뜸으로는 그리스의 철학자 플라톤 Platon을 꼽을 수 있다.

## 2. 플라톤_엉터리 예술과 얼빠진 예술

예술의 모방적 활동에 대한 플라톤의 부정적 평가는 그의 저서인 『국가 Politeia』●● 제10권에서 두드러지게 나타난다. 여기서 플라톤은 회화와 시로 대표되는 예술의 모방적 활동을 두 가지 이유에서 비판한다. 하나는 진리에서 떨어져 있기 때문이고, 다른 하나는 분별력이 없기 때문이다.

예술의 모방적 활동이 진리에서 떨어져 있다는 첫 번째 이유부터 살펴보자. 플라톤에 따르면 그림은 실재를 있는 그대로 모방하지 못한다. 보이는 것을 보이는 그대로 모방할 뿐이다. 즉, 진실을

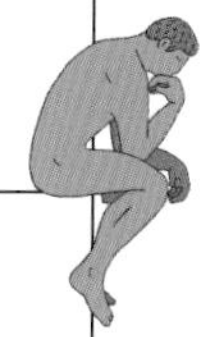

● 중국 남조南朝 시대 양대梁代의 화가다. 사찰에 그림을 많이 그렸으며, 대상을 사실적으로 묘사하는 데 뛰어나 많은 이들의 경탄을 자아냈다고 한다.

●● 플라톤의 유토피아 사상을 담고 있는 저작이다. 유토피아에서 예술이 어떤 역할을 할 수 있는지에 대한 논의를 통해 플라톤의 예술론을 살펴볼 수 있다. 20세기 영국의 철학자 앨프리드 화이트헤드A. N. Whitehead는 "서양철학의 역사는 플라톤의 철학에 주석을 다는 작업이었다."라고 말하기도 했다. 이는 예술에 대한 철학적 성찰인 미학에도 적용된다. 따라서 플라톤의 예술론을 핵심으로 담고 있는 『국가』에서 서양 미학이 출발한다고 해도 과언이 아니다.

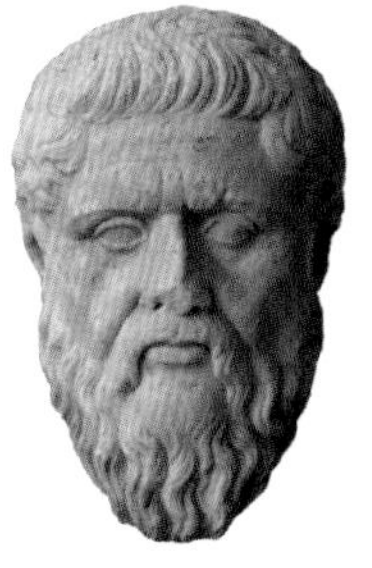

모방하는 것이 아니라 보이는 현상을 모방하는 것이다.

고삐와 재갈을 예로 들어 보자. 고삐와 재갈을 이용할 줄 아는 말 타는 사람, 고삐와 재갈을 만드는 대장장이와 가죽 재단사, 고삐와 재갈을 그리는 화가. 이 셋 중에서 누가 고삐와 재갈이 어떤 것이어야만 하는지 가장 잘 알고 있을까? 이들 중 누가 어떤 고삐와 재갈이 좋고 나쁜지를 가장 잘 판단할 수 있을까? 이들 중 누가 참된 고삐와 재갈을 알 수 있을까?

심사 위원은 플라톤이다. 그는 심사 의견서를 펼쳐 든다. 그리고 적어 내려간다.

심사 위원: 플라톤

주소: 그리스 아테네 산 3번지 5호

주민등록번호: BC428427-XXXXXX

직업: 철학 아카데메이아 원장

은행 계좌 번호(심사료 송금을 위해 정확히 기재 요망): 올리브은행 653-295-XXXX

심사평

말 타는 사람: 말을 탈 때 고삐와 재갈을 사용하면서 고삐와 재갈에 대한 지식을 얻음.

대장장이와 가죽 재단사: 말 타는 사람의 지시나 가르침을 통해 고삐와 재갈에 대한 지식을 얻음.

화가: 고삐와 재갈을 사용하면서 고삐와 재갈에 대한 지식을 얻은 것도 아니고, 말 타는 사람의 지시나 가르침을 통해 그 지식을 얻은 것도 아님. 고삐와 재갈에 대한 화가의 지식은 전무한 상태. 다만, 사람들 눈에 고삐와 재갈로 보이는 것을 색채와 형태로 만들어 낸 것뿐임.

심사 결과

우승: 말 타는 사람

2등: 대장장이와 가죽 재단사

3등: 없음.

기타 소견: 화가는 이 부문의 경쟁 후보가 될 수 없으므로 다음부터는 출전 자격을 박탈해야 함.

플라톤은 그림의 모방적 활동에 대해 못마땅해했던 것과 마찬가지로 시에 대해서도 같은 태도를 취했다. 플라톤에 따르면 시인도 자신이 모방하는 것들에 대해 진정으로 알지 못한다. 다만, 운율과 리듬 등을 통해 채색해 말할 뿐이다. 『일리아드Ilias』와 『오디세이아Odysseia』를 쓴 그리스의 대표적 서사 시인 호메로스Homeros●

● 고대 그리스의 전설적인 서사 시인이다. 호메로스가 한 사람의 이름이라는 설도 있고, 여러 사람이 공통으로 쓰던 이름이라는 설도 있다. 플라톤이 서양철학의 우상이라면, 호메로스는 서양문학의 우상이다.

를 보자. 호메로스는 이들 작품에서 트로이 전쟁을 상세히 묘사하고 있다. 두 작품에서는 헥토르, 아킬레우스, 아가멤논 등 전쟁 영웅들의 화려한 전투 장면이 박진감 있게 펼쳐진다.

그런데 플라톤은 반문한다. 호메로스가 전쟁에 대해 많이 묘사하고 있지만, 그가 지휘하거나 조언함으로써 승리한 전쟁이 있는가? 없다. 호메로스가 전쟁을 승리로 이끌었다면 그리스 도시 공화국 곳곳에서 그를 총사령관으로 모셔 갔을 것이다. 그런 나라가 있는가? 없다. 호메로스는 이리저리 떠돌며 시나 읊었을 뿐이다.

예술의 모방적 활동에 대한 플라톤의 두 번째 비판은 모방적 활동에는 분별력이 없다는 것이다. 분별력이란 그때그때 상황을 올바르게 판단해 처리하는 능력을 말한다.

시의 경우를 보자. 여기서 시란 인간적 정감을 담뿍 담은 서정시, 대규모 전쟁을 다룬 서사시, 슬픈 드라마나 우스운 드라마 형식의 극시 등을 모두 포함한다. 예컨대 트로이 전쟁을 다룬 호메로스의 『일리아드』도, 눈물 없이는 볼 수 없는 소포클레스Sophocles의 『오이디푸스왕Oedipus Tyrannus』●도 모두 시다. 저잣거리에서 음유시인이 군중을 상대로 즉흥적으로 풀어냈던 이야기도 시에 포함된다. 이 점을 염두에 두고 플라톤의 비판을 살펴보자.

슬프거나 고통스러운 일이 생겼을 때에는 어떻게 해야 할까?

<가면을 보고 있는 시인>, 기원전 1세기.

● 오이디푸스는 고대 그리스 신화의 왕이다. 아버지를 죽이고 왕위에 올라 어머니와 결혼했다. 오이디푸스의 이야기에서 아들은 어머니를 차지하고자 아버지를 죽이고 싶어 하는 무의식적 욕망을 지녔다는 '오이디푸스 콤플렉스'가 나왔다.

울거나 짜증 내며 시간을 허비해서는 안 된다. 그것은 비이성적이고 분별력 없는 방식이다. 침착하게 해결 방안을 찾아 슬픔과 고통에서 벗어나는 것이 바람직하다. 이것이 이성적이고 분별력 있는 방식이다. 우리는 이성적이고 분별력 있는 방식에 익숙해지도록 자신을 단련해야 한다.

아이가 넘어져 다쳤다. 아이가 아파하며 눈물을 흘릴 때는 어떻게 해야 할까? 부모가 같이 울며 괴로워해서는 안 된다. 그렇게 하는 것은 분별력 없는 방식이다. 부모는 다친 아이를 약국이나 병원에 데려가야 한다. 며칠 뒤 좋아하던 단짝이 전학을 가자 아이가 또 운다. 부모가 같이 슬퍼하고 아쉬워해서는 안 된다. 그렇게 하는 것은 분별력 없는 방식이다. 시간을 허비하는 것

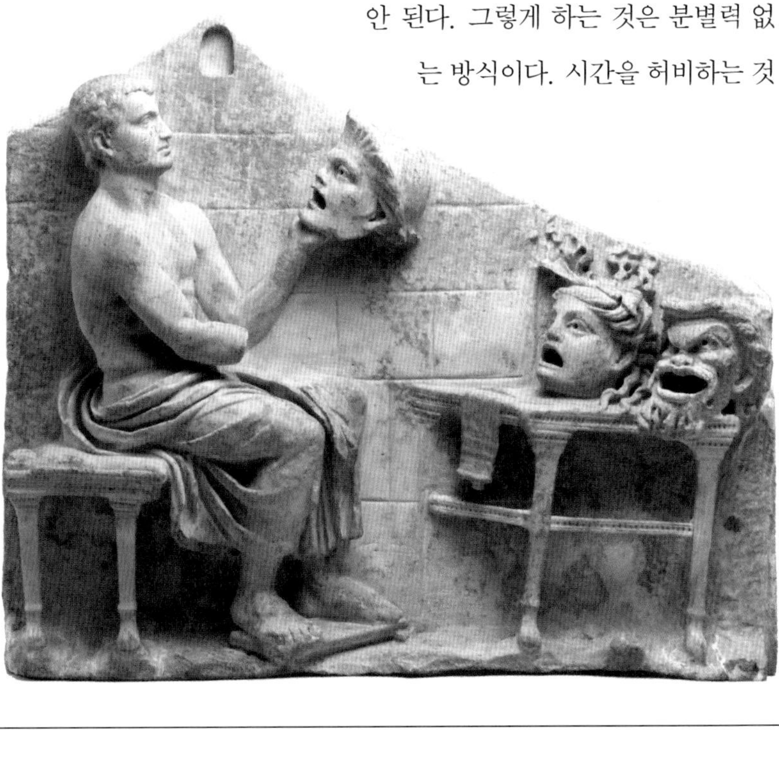

이다. 부모는 '만나면 반드시 헤어지기 마련(회자정리會者定離)'이라는 인생의 이치를 아이가 알아들을 수 있도록 가르쳐야 한다.

그런데 슬픔이나 고통에서 침착하게 벗어나는 이성적이고 분별력 있는 방식은 따라 하기가 쉽지 않다. 시를 통해 모방하기도 쉽지 않다. 그리고 모방하더라도 축제 때 극장에 몰려든 대중이 이해하기는 어렵다. 반면에, 슬픔이나 고통 앞에서 울거나 짜증 내는 비이성적이고 분별력 없는 방식은 따라 하기 쉽다. 시를 통해 모방하기도 쉽다. 대중도 이해하기 쉽고 재미있어한다. 철학적 영화보다는 최루성 영화가 더 많이 제작되고 흥행하는 것과 마찬가지다. 제작의 부담과 흥행의 압박으로 모방적인 시인은 비이성적이고 분별력 없는 방식을 따르게 된다.

시가 비이성적이고 분별력 없다는 비판은 그림에도 적용된다. 그림의 모방적 활동 또한 이성적이고 분별력 있는 방식과 거리가 멀다. 그림의 모방적 활동이 근거하는 우리의 눈은 같은 크기의 것을 다르게 보는 혼란을 범한다. 플라톤은 다음과 같은 예를 든다. 쇠막대기가 있다. 물속에 쇠막대기를 넣으면 빛에 굴절되어 구부러져 보인다. 그렇지만 물 밖에 꺼내 놓으면 원래 모습대로 곧게 보인다. 또 어떤 경우에는 똑같은 것이 오목하게 보이기도 하고 볼록하게 보이기도 한다. 마법사들은 우리 눈의 이러한 허술함을 이용해 우리를 속인다. 플라톤에 따르면 그림의 모방적 활동도 우리의 시각적 혼란과 착시를 이용한다. 반면 우리 정신의 이성적이고 분별력 있는 부분은 시각적 혼란과 착시를 측정과 계산을 통해 바로잡는다.

지금까지 시와 그림을 중심으로 예술의 모방적 활동이 진리에서 떨어져 있으며 분별력이 없다는 플라톤의 비판을 살펴보았다. 플라톤은 이러한 비판에 근거해 '시인 추방론'을 내세운다. 플라톤은 이상 국가●를 꿈꾸었다. 이상 국가는 이성적인 법칙으로 통치된다. 그런데 시인은 이성적 법칙을 어지럽힌다. 따라서 플라톤의 이상 국가에서 시인을 포함한 모방자들은 추방되어야 한다. 추방되지 않으려면 모방자들은 이성적 잣대에 따른 엄격한 검열을 통과해야 한다.

## 3. 플라톤을 넘어서

플라톤의 이러한 주장은 예술가들과 불화를 빚을 수밖에 없었다. 플라톤 스스로도 철학과 시 사이에는 오래된 일종의 불화가 있다고 말했다. 이때 이미 철학과 시, 나아가 철학과 예술은 경쟁 관계에 들어서 있었다. 따라서 예술가들은 플라톤의 예술론에 대해 여러 가지 의문을 제기할 수밖에 없었다.

예술은 과연 진리를 담을 수 없는가? 때로는 한 편의 소설을 통

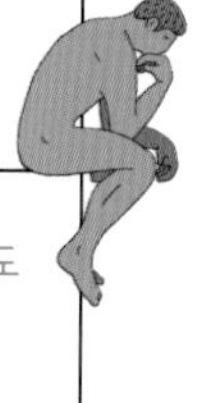

● 플라톤이 꿈꾼 이상 국가에서는 완전한 지혜를 갖춘 철학자가 통치자가 되어야 한다. 그래서 장차 지도자가 되려는 어린이와 청소년은 엄격한 철학 교육을 받아야 한다.

해 그동안 은폐되었던 역사적 진리를 깨달을 수도 있다. 예술을 검열하는 일이 과연 바람직한가? 자유로운 예술을 통해 자유를 확대하는 일이 이상적인 국가의 모습에 더 가깝지 않을까? 예술에 대한 검열은 폐쇄된 독재 사회의 징후일 수 있다. 슬프거나 고통스러울 때 울거나 짜증 내기보다는 침착하게 해결 방안을 마련하라는 플라톤의 이성적인 충고에 대해서도 다시 생각해 보자. 인간이 과연 이성적으로만 살 수 있는가? 인간은 전자계산기나 로봇이 아니다. 함께 울고 상처를 어루만져 줄 때 우리네 인간 세상은 살 만하지 않은가?

플라톤이 예술의 모방적 활동에 대해 비판적이고 나아가 적대적인 태도를 취하고 있었지만 다른 목소리에 완전히 귀를 닫은 것은 아니다. 그는 시를 옹호하거나 사랑하는 자들이 시에 대해 변론하는 것을 허용한다고 말했다. 왜냐하면 시가 국가 전체와 인간 생활에 이로운 것으로 밝혀진다면 국가에도 이득이 될 수 있기 때문이다. 이제 시를 옹호하는 아리스토텔레스Aristoteles(기원전 384~기원전 322년)의 목소리를 들어 보자.

## 4. 아리스토텔레스_선택과 집중의 예술, 그리고 카타르시스

아리스토텔레스는 플라톤의 제자다. 두 사람은 사제 간이지만 여러 측면에서 대조적이다. 아르투르 쇼펜하우어Arthur Schopenhauer는 자신의 대표작인 『의지와 표상으로서의 세계Die Welt als Wille und Vorstellung』에서 두 사람을 이렇게 비교한다.

> "음, 아리스토텔레스의 사상은 뭐라고 할까요. 강력한 폭풍우와 같습니다. 아리스토텔레스의 사유 방식은 처음과 끝이 몰아쳐서 모든 것을 굽히고, 동요시키며, 앞으로 치닫습니다. 그런데 플라톤의 사상은 이와 대조적이지요. 플라톤의 사유 방식은 폭풍우의 길을 가로질러 나오는, 그리하여 폭풍우에도 전혀 흔들리지 않는 고요한 햇살과 같습니다."

예술과 감성은 폭풍에 가깝고, 철학과 이성은 햇살에 가까울지 모른다. 이렇게 플라톤과는 사유 방식이 달랐던 아리스토텔레스는 『시학Peri Poiētikēs』●에서 예술의 모방적 활동을 옹호한다. 『시학』은 비극과 서사시에 대해 논리적으로 분석한 저작이다. 이 책에 실린 비극에 대한 글을 통해 예술의 모방적 활동을 긍정적으로 평가한 아리스토텔레스의 입장을 살펴보자.

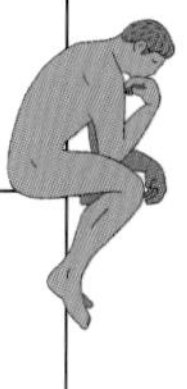

● 시가 지닌 합리적 법칙을 체계적으로 저술한 아리스토텔레스의 저작이다. 이 책을 통해 예술은 이제 플라톤의 비판을 넘어서 자기 구원에 이를 준비를 하게 된다. 아리스토텔레스는 이 책에서 비극, 서사시, 희극을 다루겠다고 밝혔지만, 희극 편은 남아 있지 않다. 그 까닭을 창의적 상상력으로 풀어낸 소설이 움베르토 에코Umberto Eco의 『장미의 이름Il Nome della Rosa』이다.

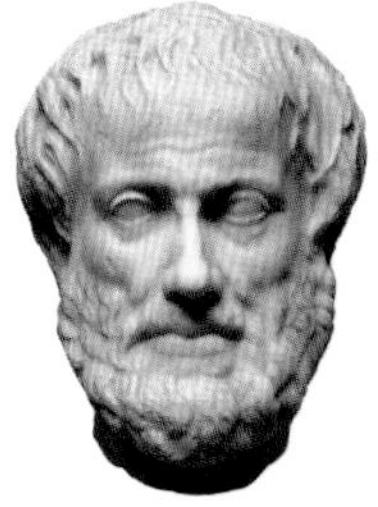

비극은 심각하고 완전하며 일정한 크기가 있는 하나의 행동에 대한 모방으로서 아름다운 언어를 이용해 부분에 따라 여러 형식으로 꾸민다. 비극은 이야기가 아닌 극적 연기의 방식을 취하며 연민과 두려움을 일으켜서 그런 감정들의 '카타르시스'를 행하는 것이다.

비극에 대한 아리스토텔레스의 정의다. 조금 어렵지만 "일정한 크기가 있는 하나의 행동에 대한 모방"이라는 표현에 주목하자. 이 말의 의미를 이렇게 생각해 보면 어떨까?

구보 씨●는 드디어 영화감독이라는 자신의 꿈을 이룰 기회를 잡았다. 제법 큰 영화사에서 오늘 구보 씨에게 만나자는 연락을 해 온 것이다. 구보 씨는 부리나케 달려갔다. 영화사는 비극 영화를 만들 계획이라면서 구보 씨에게 감독을 맡아 달라고 했다. 시나리오는 이미 준비되어 있었다. 영화사는 구보 씨에게 시나리오를 읽어 보고 구보 씨의 뜻대로 일단 수정해 달라고 말했다. 구보 씨는 곧장 집으로 돌아와 책상 앞에 앉았다. 어느 개의 비극적 운명을 담은 영화였다. 상영 시간은 90분. 그

라파엘로, <아테네 학당>, 1510~1511년.

● 소설가 박태원은 1934년 「조선중앙일보」에 연재한 「소설가 구보 씨의 일일」이라는 작품에서 일제강점기를 살아가는 무기력한 지식인의 일상을 형상화했다. 이후 '구보 씨'는 지식인, 예술가의 전형으로서 상징적인 의미를 얻게 된다. 소설가 최인훈과 주인석이 각각 1970년대와 1990년대에 『소설가 구보 씨의 일일』과 『소설가 구보 씨의 하루』를 발표해 구보 씨를 주인공으로 하는 작품의 계보를 이었다.

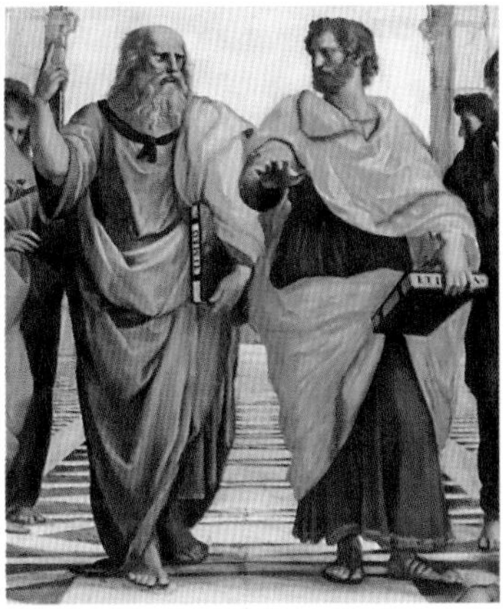

왼쪽이 플라톤이고 오른쪽이 아리스토텔레스다. 이상을 꿈꾸었던 플라톤의 손은 하늘을 가리키고 있고, 현실을 포용하려 했던 아리스토텔레스의 손은 땅을 가리키고 있다.

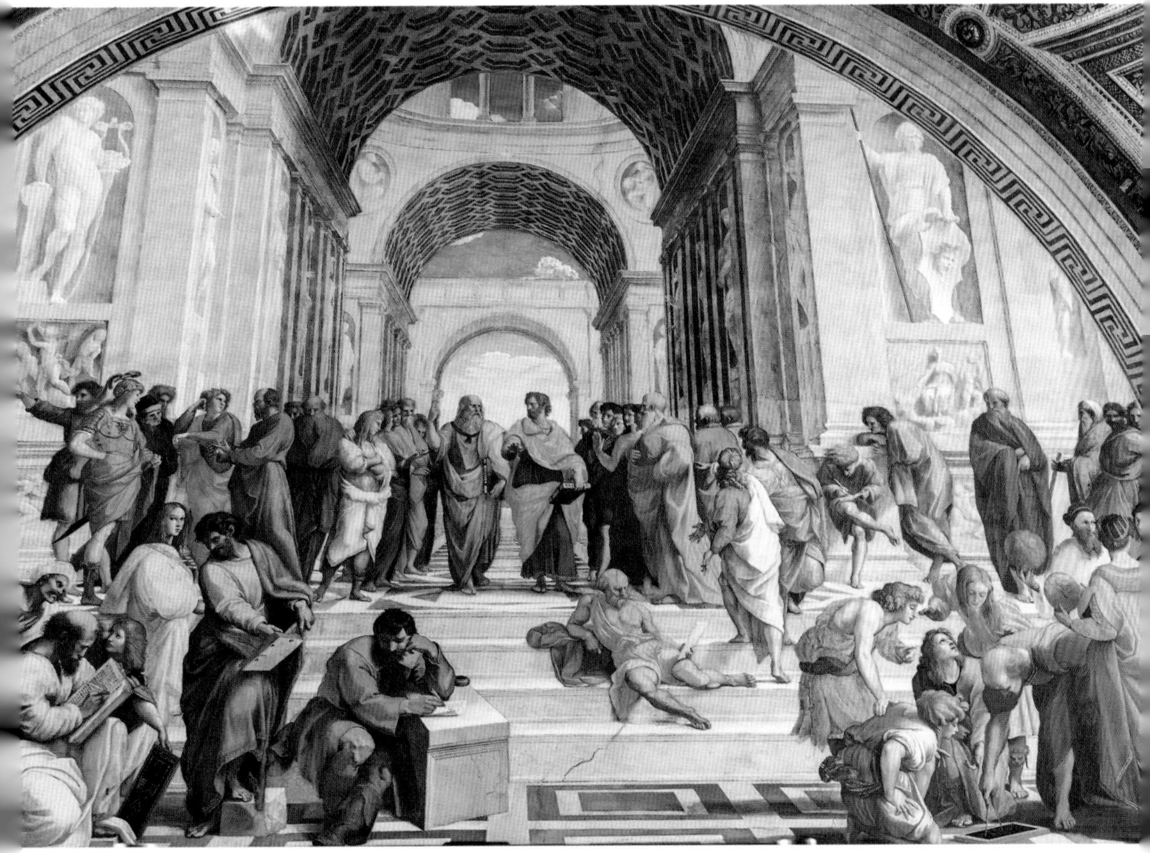

런데 시나리오에 담긴 이야기가 너무 많았다. 90분 분량의 영화를 만들기 위해서는 취사선택할 필요가 있었다. '낮잠 자는 장면이 너무 많잖아. 주인과 산책하는 장면도 너무 길어.' 닥쳐올 비극적 운명과 대비시키기 위한 평온하고 행복한 장면이었지만 대폭 줄이기로 했다. 가장 문제가 되는 부분은 개에게 연이어 닥치는 비극적 사건들이 매끄럽게 이어지지 않는다는 점이었다. 주인집의 이사, 버려진 개. 거기까지는 이야기가 매끄러웠다. 그런데 그 뒤로 이어지는 사건들이 황당했다. '그래, 이 부분을 삭제하고 좀 더 그럴듯한 비극적 사건으로 대체하자. 어떤 사건이 좋을까? 실제로 개에게 일어날 수 있는 또는 일어날 법한 비극적 사건들에는 무엇이 있을까?' 구보 씨는 궁리를 거듭했다. 구보 씨는 사건들을 매끄럽게 연결해 하나의 통일된 짜임새를 갖춘 영화를 만들고 싶었다. 시간은 이미 새벽으로 흘러가고 있었지만 구보 씨의 가슴은 여전히 설렘으로 쿵쾅쿵쾅 뛰고 있었다.

구보 씨의 고민에서 보듯이 비극의 이야기는 실제로 일어난 모든 개별적 사건과 모든 개별적 행동을 모방해 이루어지는 것이 아니다. 모든 개별적 사건이나 행동을 시시콜콜 모방할 경우, 이야기는 지나치게 길어지고 이야기의 각 부분은 산만하게 나열되어 하나로 어우러지지 못한다. 비극의 이야기 하나하나가 긴밀히 짜여 하나의 전체를 이루려면 우연한 사건이나 난삽한 사건, 행동들은

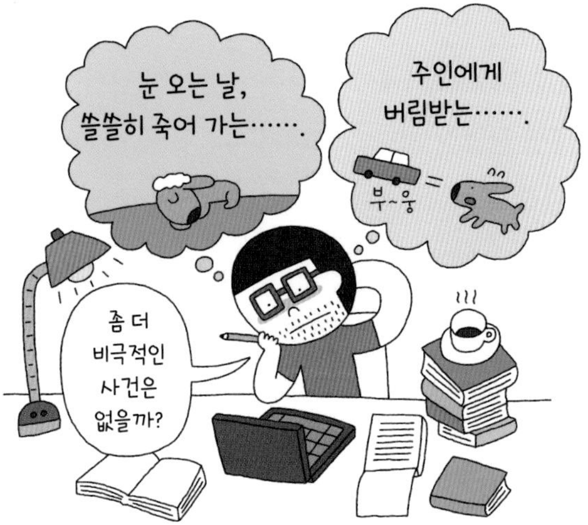


배제되어야 한다. 비극의 이야기는 일어날 수 있는 사건이나 행동들을 인과적으로 밀접하게 연관시켜야 한다.

따라서 아리스토텔레스가 생각하는 비극의 모방은 플라톤이 주장하듯 모방하는 대상이나 사건에 대해 알지 못한 채 이루어지는, 즉 진리에서 떨어져 이루어지는 현상적·수동적 모방이 아니다. 비극의 모방은 대상이나 사건의 옥석을 가려 지나친 부분은 삭제하고 부족한 부분은 보충해 하나의 통일된 이야기를 구축하는 선택적이고 능동적인 모방이다.

이러한 선택적·능동적 모방은 그림에도 적용될 수 있다. 아리스토텔레스에 따르면 "초상화가들은 개인의 육체적 모습을 사실적으로 그리면서도 그 사람의 아름다움을 실제보다 한층 돋보이게 그린다." 이는 그림의 모방이 개인의 육체를 보이는 그대로 그리는 것이 아니라 지나친 부분은 삭제하고 부족한 부분은 보충해 실제보다 한층 더 돋보이게 그린다는 것을 의미한다. 이를 위해서는 육체에 대한 상당한 지식과 이해가 뒷받침되어야 한다.

앞서 소개한 전설적인 화가 제욱시스도 그리스 최고의 미인 헬레네를 그리기 위해 내로라하는 미인 다섯 명을 모아 놓고 그녀들의 가장 아름다운 모습만을 따왔다고 한다. 제욱시스의 화실로 가 보자.

제욱시스는 화실 한가운데에서 그림들에 둘러싸여 골똘히 생각에 잠겨 있다. 지난번 그림 경연에서 패배하긴 했지만 제욱시스의 명성은 아직 녹슬지 않았다. 최근에는 스파르타 왕비의 초상을 주문받았다. '스파르타의 왕비가 누구인가? 그리스 최고의 미인 헬레네! 반드시 걸작을 그려 지난번의 치욕을 만회하리라. 그러자면 새로운 변화가 필요하다. 보이는 모습을 그대로 모방하는 것만으로는 충분하지 않다. 보이는 모습보다 더 이상적으로 그려 보리라. 헬레네가 절세미인이기는 해도 그렇다고 결함이 없는 것은 아니다. 헬레네의 얼굴 스케치는 왕실에 수차례 드나들며 이미 해 놓았다. 이제 남은 건 어떻게 결함을 메꿔 가장 이상적인 미녀를 탄생시킬 것인가를 고민하는 일이다. 성공하면 헬레네도 무척 기뻐하겠지. 어쩌면 왕실 전속 화가로 임명될지도 모른다.' 여기까지 생각이 미치자 제욱시스는 마음이 바빠졌다.

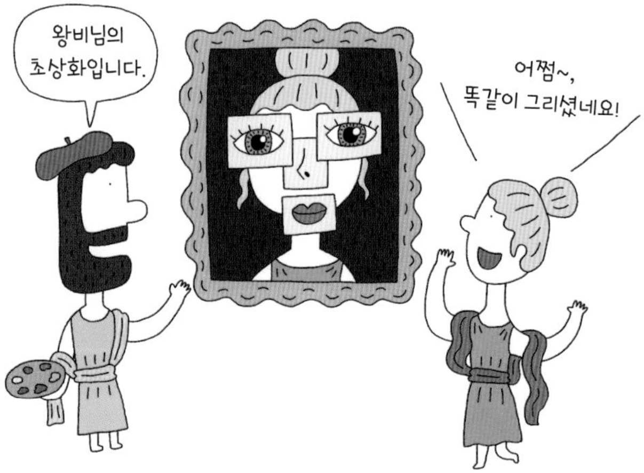


'그래, 다른 미녀들을 참고해 보자.' 그러면 어떻게 결함을 메꿔야 할지 방향이 잡힐 듯싶었다. 제욱시스는 한 달 동안 수소문한 끝에 미녀 다섯 명을 모델로 섭외했다. 그녀들은 모두 미인이었지만 가장 빼어난 부분은 저마다 달랐다. 제욱시스는 헬레네의 얼굴을 모델들의 빼어난 부분에 맞추어 보완해 나가기로 했다. 먼저 눈썹, 올리브 골에서 온 모델은 눈썹이 뛰어나게 예뻤다. 에게해 밤하늘 위에 살포시 걸려 있는 초승달 같았다. 코는 어떤가? 월계수 언덕에서 온 모델이 적격이다. 입은? 귀는? 제욱시스는 자신감이 생기기 시작했다. 헬레네를 가장 이상적인 미인상으로 만들어 당대 최고의 화가로 거듭나리라. 제욱시스의 꿈은 그렇게 무르익고 있었다.

앞서 소개한 비극에 대한 아리스토텔레스의 정의 중 이제 '카타르시스'라는 말에 초점을 맞출 차례다.

카타르시스에 대해서는 크게 두 가지 해석이 있다. 첫 번째는 카타르시스를 감정의 정화 Purgation로 보는 견해이고, 두 번째는 감정의 명료화 Clarification로 보는 견해다.

첫 번째 해석은 의학적 용어와 연관된다. 의학적 용어로 카타르시스는 소화기관에 이상이 생겨 막혔을 때 관장을 해 노폐물을 배설하도록 하는 치료를 의미한다. 음식물만 문제를 일으키는 것은 아니다. 감정도 가슴속에 응어리가 맺히면 한이 되어 병을 불러온다. 화병이다. 가슴에 맺힌 한을 풀어 주어야 한다. 어떤 방법이 있을까? 슬픔과 고통에 빠진 비극의 주인공을 바라보며 펑펑 울다 보면, 관람객의 가슴에 맺힌 한도 씻겨 내려가지 않을까? 그리하여 마음속이 정화되지 않을까? 첫 번째 해석은 이러한 아이디어에 기반하고 있다. 실제로 비극을 보고 흘리는 눈물을 분석해 보면 스트레스로 생긴 호르몬들이 많이 배출된다고 한다. 그런데 양파를 까면서 흘리는 눈물에는 상대적으로 그러한 호르몬들이 적게 배출된다는 것이다. 비극은 훌륭한 스트레스 치료제인 셈이다.

카타르시스에 대한 두 번째 해석은 사뭇 이성적이다. 관람객은 주인공의 비극적 삶이 펼쳐지는 공연을 본다. 가슴이 아프다. 눈물을 흘리고 전율한다. 그렇지만 실제 삶에서 벌어지는 슬픔이나 고통이 아니기 때문에 그 속에 지속적으로 완전히 몰입하지는 않는다. 한 발짝 떨어져 그 슬픔과 고통의 정체를 헤아린다. 왜 슬픔과 고통이 생긴 것일까? 어떻게 하면 그것을 막을 수 있을까? 주인공이 두려움에 사로잡힌 나머지 위기를 악화시킨 것은 아닐까? 이렇듯 비극은 관람객에게 감정을 느끼고 성찰하는 과정을 학습시킨다. 그리고 관람객은 이러한 훈련과 학습을 통해 감정의 정체를 명료히 파악해 실제 삶의 밑거름으로 삼는다.

앞서 플라톤은 비극이 슬픔이나 고통 앞에서 침착하게 벗어나는 이성적이고 분별력 있는 방식보다는 울면서 괴로워하는 비이성적이고 분별력 없는 방식을 모방한다고 주장했다. 그런데 다음과 같은 상황을 가정해 보자. 내가 큰 슬픔과 고통에 빠져 있다. 하염없이 눈물이 나오고 가슴이 무너질 것만 같다. 이때 친구들이 나를 위로하려고 찾아왔다. 한 친구는 이렇게 말한다. "그만 울어. 운다고 문제가 해결돼? 이성적으로 대처해야지." 또 다른 친구는 조용히 다가와 가만히 내 손을 잡는다. 그리고 말없이 같이 울어 준다.

아마도 플라톤은 전자의 방식을 따르는 친구일 터이고, 아리스토텔레스는 후자의 방식을 따르는 친구일 터이다. 아리스토텔레스의 '카타르시스'는 어떤 해석이든 감정은 일단 감정을 통해 어루만져 주어야 함을 함축하고 있다. 감정을 이성을 통해 다스리려고 할 때 억압이 발생하고, 억압이 누적되면 마침내 폭발한다. 폭발하기 전에 감정을 자연스럽게 배출하는 것이 바람직하다. 아리스토텔레스는 비극이 그러한 일을 할 수 있다고 보았고, 그로 인해 비극은 이성과 분별과는 거리가 멀지도 모르지만 인간 삶의 지혜에는 한 발짝 다가서게 된다.

## 5. 중세를 넘어 르네상스로

예술의 모방적 활동에 대한 부정적 평가는 아리스토텔레스를 통해 다소 누그러진다. 그렇지만 이후 8세기 무렵에 촉발된 '성상 파괴 운동Iconoclasm'을 통해 다시 예술의 모방적 활동에 대한 논쟁이 격화된다. 성상 파괴 운동은 그림이나 조각을 이용해 신을 이미지로 만들어 교회 안에 놓아도 좋은가를 둘러싸고 벌어진 논쟁이다.

교회 안에 성상을 두어서는 안 된다고 주장하는 사람들을 '성상 파괴론자'라고 부른다. 이들은 우상을 섬기지 말라는 성경 구절을 근거로 내세웠다. 그렇지만 이런 주장의 바탕에는 예술에 대한 플라톤의 비판적 태도도 깔려 있다. 예술이 진리와 거리가 멀고 분별력을 흐리게 한다면, 신을 그림이나 조각상 등에 담고 있는 성상도 마찬가지일 것이다.

교회 안에 성상을 허용해도 좋다고 주장하는 사람들을 '성상 옹호론자'라고 부른다. 이들은 그 이유로 먼저 교육적 효과를 들었다. 당시 대부분의 사람은 글을 읽을 수 없었다. 문맹자들은 성경을 직접 읽을 수 없으니 교회에서 성직자를 통해 성경의 이야기를 들어야 한다. 이때 성경의 주요한 이야기를 교회 벽면에 조각으로 새겨 놓거나 그림으로 그려 놓는다면 이야기의 전달 효과는 무척 커질 것이다. "백문이 불여일견"이라고 하지 않던가. 이야기를 백 번 듣는 것보다 그림으로 한 번 보는 것이 이해하는 데 도움이 되고 기억에도 오래 남는다. 교황 그레고리우스 1세Pope Gregory I는 이런 맥락에서 "그림은 글을 읽을 수 있는 사람에게 책이 해 주는 역할을 글을 읽을 줄 모르는 사람에게 해 줄 수 있다."라고 말했다. 성상 옹호론자들의 활약에 힘입어 이제 성상은 '문맹자를 위한 성경'으로 격상된다. 그리고 종교예술은 중세를 거쳐 르네상스로 나아가는 길을 마련하게 된다.

여기는
생전에 어머니 자연이
그에게 정복될까
두려워 떨게 만든
라파엘로의 무덤이다.
이제 그가 죽었으니
그와 함께 자연 또한 죽을까
두려워하노라.

위의 글은 레오나르도 다빈치Leonardo da Vinci, 미켈란젤로 부오나로티Michelangelo Buonarroti와 함께 르네상스●의 대표적 천재 미술가로 꼽히는 라파엘로 산치오Raffaello Sanzio의 묘비명이다. 르네상

● 고대의 그리스 정신을 부활시키자는 문화적 움직임으로, 16세기 이탈리아를 중심으로 절정에 이르렀다. 르네상스 시대의 3대 천재 화가로 꼽히는 다빈치, 라파엘로, 미켈란젤로는 원근법으로 외부 대상을 생생하게 재현해 내는 데 성공했다.

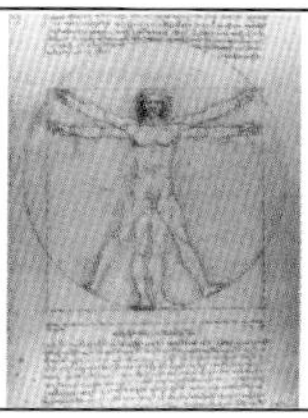

스 시대의 미술에 이르러 외부 대상이나 사건에 대한 모방은 절정에 달한다.

바티칸시국에 위치한 시스티나 성당의 천장화를 보면, 금세라도 그곳에서 사람들이 뛰쳐나올 것만 같다. 그림은 2차원의 평면이므로 그림에 3차원의 세상을 담는다는 것은 논리적으로 불가능하다. 이를 실현하기 위해서는 2차원의 평면을 3차원의 입체로 보이게 만드는 일종의 눈속임이 필요하다. 르네상스 때 발전한 눈속임이 바로 원근법이다. 르네상스 시대의 그림은 대기 원근법이나 선 원근법 등을 통해 외부 세상에 대한 모방을 외부 세상보다 더 완벽하게 이루어 내고 있다. "초상화가들은 개인의 육체적 모습을 사실적으로 그리면서도 그 사람의 아름다움을 실제보다 한층 돋보이게 그린다."라는 아리스토텔레스의 말은 이제 르네상스 천재들의 손끝에서 만개하게 된다.

모방론은 르네상스 예술과 더불어 절정을 맞이하고 이후에도 그 영향력이 지속되어 18세기에 '파인 아트Fine Art'●, 즉 '미술'이란 용어를 탄생시키는 데 결정적인 역할을 한다. 파인 아트라는 용어는 프랑스 비평가 샤를 바퇴Charles Batteux의 논문「하나의 원리로 환원되는 파인 아트The Fine Arts Reduced to a Single Principle」를 계기로 정립

미켈란젤로, 〈시스티나 성당 천장 벽화〉, 1508~1512년.

● 18세기에 정립된 용어로, 시, 회화, 조각, 건축, 음악 등을 한 덩어리로 묶어 이르는 말이다. 이들 모두 아름다운 자연을 모방한다는 공통점을 지녔다는 의미에서 '아름다운'을 뜻하는 fine과 '기술'을 뜻하는 art를 결합해 fine art라는 합성어를 만들었다. 번역하면 '아름다운 기술', 즉 미술이다. 이후에 회화, 조각, 건축을 일컫는 용어로 축소되면서 오늘날 쓰이는 의미로서의 '미술'로 자리 잡았다.

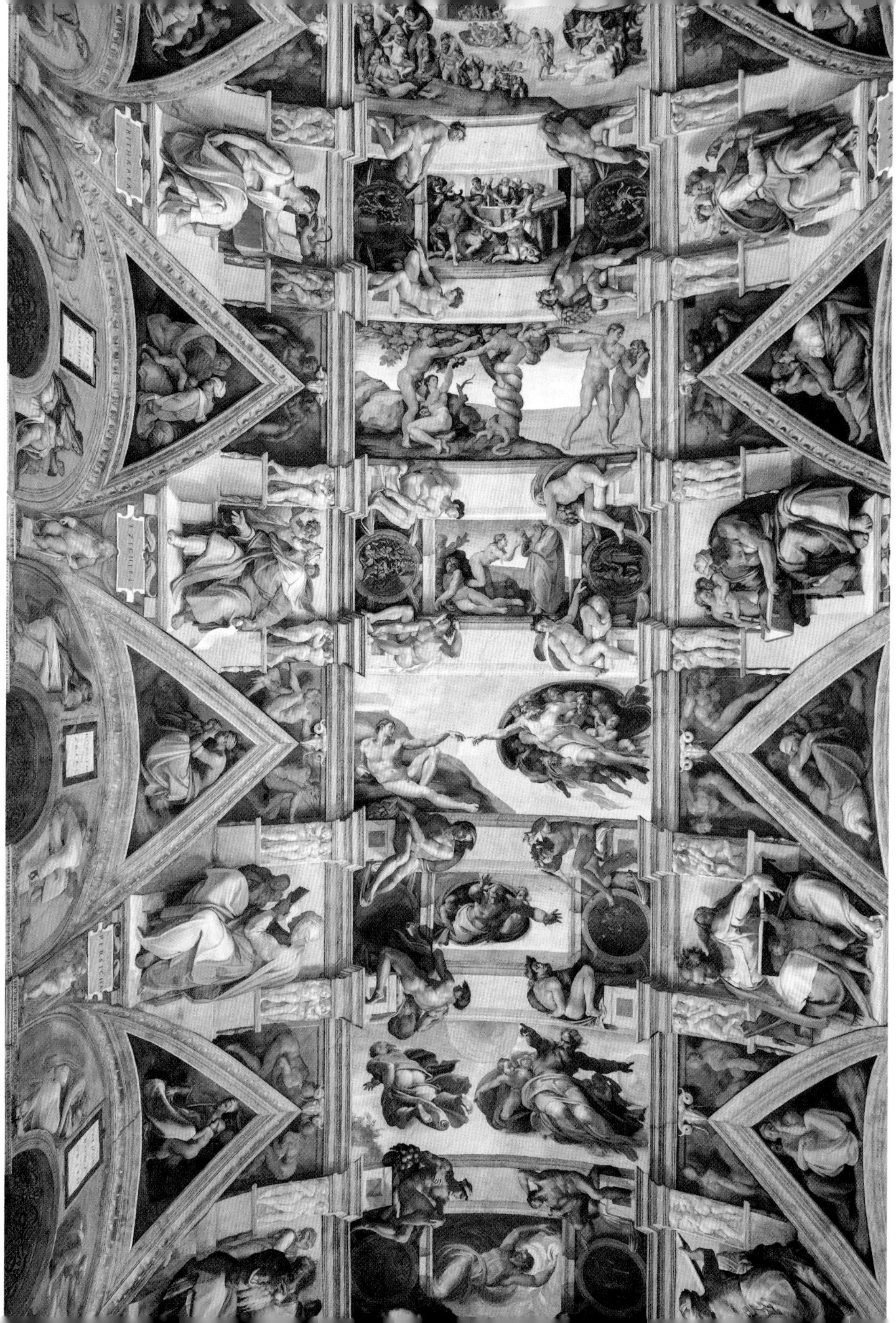

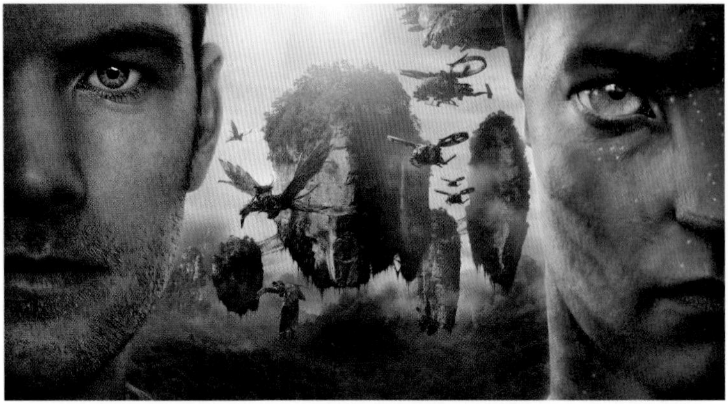

제임스 캐머런, <아바타>, 2009년.

되었는데, 여기서 '하나의 원리'란 아름다운 자연을 모방하는 것을 뜻한다.

18세기를 넘어서면서 모방적 활동으로서의 예술이라는 입장은 많이 쇠퇴했지만, 외부 세계를 생생히 모방하고자 하는 인간의 욕망이 지속되는 한 쉽게 사라지지는 않을 것이다. 모방적 활동으로서의 예술은 사실주의나 포토 리얼리즘 등을 통해 계승되고 있다. 그리고 디지털 기술의 발달과 함께 오늘날 등장하고 있는 가상현실Virtual Reality, VR은 외부 세계를 생생히 모방하고자 하는 인간의 욕망이 얼마나 깊고 질긴지를 잘 보여 준다.

# 파리스의 심판

'naked'와 'nude'는 '벌거벗은'을 뜻하는 영어 단어다. 두 단어 모두 옷을 걸치지 않은 상태를 의미하지만, 전자가 자신의 벗은 몸을 부끄럽게 생각하는 '수줍은 벗음'이라면 후자는 자신의 벗은 몸매를 과시하고 싶어 하는 '뽐내는 벗음'이다. 서양 미술에서 수줍은 벗음 'naked'를 확인할 수 있는 가장 대표적인 예는 '아담과 이브'를 소재로 삼은 작품들이다. 선악과를 먹은 뒤 자신들의 벗은 몸을 부끄럽게 생각해 무화과잎으로 가리고 하느님의 질책을 들으며 에덴동산에서 쫓겨난 아담과 이브의 알몸이 수줍은 벗음이라는 것은 당연하다.

한편, 뽐내는 벗음 'nude'의 예로는 〈파리스의 심판〉이라는 제목 아래 고대 그리스에서 현대에 이르기까지 여러 화가가 그리스 신화를 바탕으로 그려 온 일련의 작품들을 들 수 있다.

옛날 옛적에 불화不和의 여신 에리스가 살고 있었다. 어느 날 그녀는 초대받지 못한 결혼식에 불쑥 나타나 사과 하나를 슬쩍 던진 뒤 사라졌다. 사과에는 '가장 아름다운 여신에게'라고 적혀 있었다. 제우스의 아내 헤라, 지혜의 여신 아테나(미네르바), 미美의 여신 아프로디테

(비너스)는 서로 사과가 자기 것이라며 다투었다. 세 여신 모두 '가장 아름다운 여신'이라는 지위를 결코 양보하려 들지 않았다.

골치가 아파진 제우스는 올림포스산 아래에서 목동으로 일하고 있던 파리스에게 어느 여신이 가장 아름다운지 결정하라고 했다. 파리스가 누구인가? 트로이의 왕자로 태어났으나 나라에 큰 재앙을 몰고 오리라는 신탁을 받은 아이다. 이에 왕이 파리스를 죽이려 하고 왕비는 그것을 막으려 했다. 결국 왕비는 파리스를 광주리에 실어 강물에 띄워 보냈고, 한 목동이 파리스를 발견해 키우게 되었다. 그리고 그 아이는 어느새 건장한 청년으로 자랐다. 바로 그가 여신들의 미를 심사하게 된 것이다.

세 명의 여신은 저마다 자신을 '가장 아름다운 여신'으로 뽑아 준다면 보답하겠노라 파리스에게 약속했다. 헤라는 제우스의 아내답게 권력을, 아테나는 지혜를, 아프로디테는 세상에서 가장 아름다운 여인을 주겠다고 말한 뒤 자못 거들먹거리는 파리스 앞에서 자신의 자태를 한껏 뽐냈다. 이런 까닭에 〈파리스의 심판〉이라는 제목의 그림들은 공통

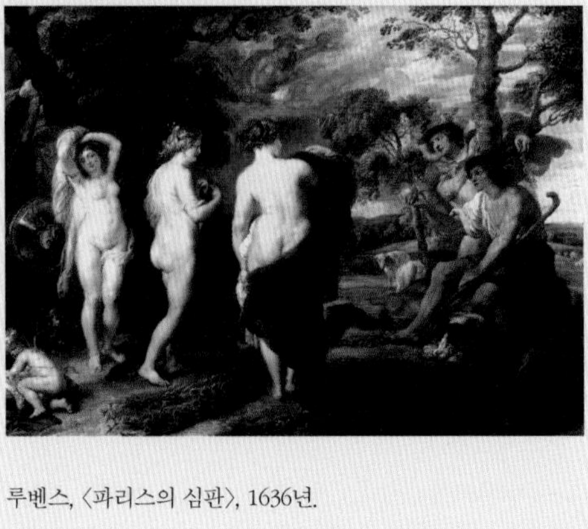

루벤스, 〈파리스의 심판〉, 1636년.

으로 파리스 앞에서 자신의 미를 자랑하는 세 여신의 모습을 담고 있다.

결국 영예는 누가 차지했을까? 파리스는 아프로디테의 손을 들어주었고, 아프로디테는 그에 대한 보답으로 파리스의 품에 스파르타 왕의 아내인 절세미인 헬레네를 안겨주었다. 헬레네가 누구인가? 제욱시스가 그토록 아름답게 그리려 했던 미인의 대명사! 파리스는 기쁨에 겨워 아름다운 신부를 데리고 조국 트로이로 금의환향했다.

하지만 아내를 빼앗긴 스파르타 왕과 경연에서 탈락한 헤라와 아테나가 가만있을 리 없었다. 격분한 그들은 그리스 연합군을 이끌고 트로이로 쳐들어갔다. 이것이 트로이 전쟁의 시작이다. 그리고 신과 신, 인간과 인간, 신과 인간 사이의 전쟁이 10여 년 동안 계속되었다. 호메로스의 『일리아드』와 『오디세이아』는 이 전쟁을 기록하고, 헬레니즘 시대의 조각상 〈라오콘〉은 트로이의 제사장 라오콘과 그 아들들의 참혹한 죽음을 형상화한다. '트로이 목마'는 우환의 상징으로 인구에 회자되며 오늘날 컴퓨터 바이러스의 이름으로까지 등장했다. 한 여신이 뿌려 놓은 조그마한 불화의 씨앗이 에게해 전역을 증오로 물들이며 찬란한 이야기를 꽃피워 낼 줄 제우스인들 어찌 짐작했으랴.

# 제 2 장

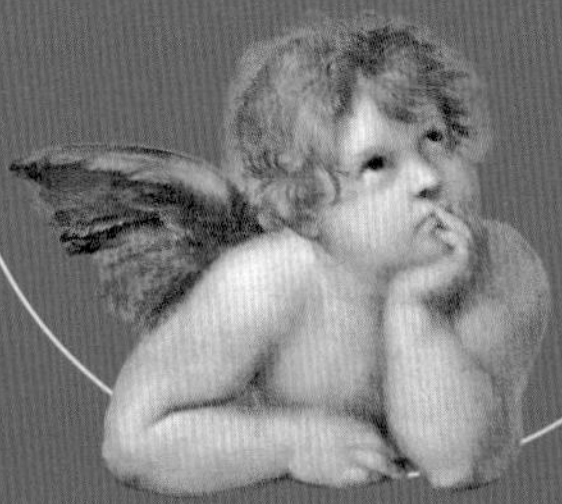

# 감정의 푸른 꽃

□

□

**표현론**

아트? 아트!

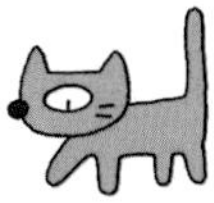

## 1. 길거리 화랑의 위대한 예술품

주민등록증이 있다. 주민등록증에는 증명사진이 붙어 있다. 증명사진은 주민등록증 주인의 얼굴을 잘 모방하고 있다. 그렇다면 주민등록증은 위대한 예술 작품인가? 모방론에 따르면 그렇지만, 우리 상식에 따르면 그렇지 않다.

길거리에 게시판이 있다. 게시판에는 현상 수배 전단이 붙어 있다. 생김새도 저마다 다 다르고, 죄목도 여러 가지다. 현상 수배 전단의 몽타주들은 해당 범인의 얼굴을 가능한 한 잘 모방하고 있다. 그렇다면 이 전단은 위대한 예술 작품이고, 이 게시판은 위대한 화랑인가? 모방론에 따르면 '예'지만, 우리 상식에 따르면 '아니요'다. 명함에 새겨져 있는 사진, 선거용 포스터에 인쇄된 입후보자 사진, 화폐에 그려진 인물의 초상……. 이들은 어떠한가?

위대한 예술품으로 평가받는 빈센트 반 고흐Vincent van Gogh의 대표작 〈별이 빛나는 밤The Starry Night〉을 자세히 들여다보자. 하늘의 별은 어디에 있는가? 별의 파편인 유성들인가? 우리가 보는 밤하늘의 별과는 사뭇 다른 모습이다. 모방론의 관점으로는 별을 제대로 모방하지 못한 작품이다. 그렇다면 고흐의 〈별이 빛나는 밤〉은 예술이 아닌가? 모방론의 관점에 따르면 예술이 아니지만, 우리의 상식에 따르면 예술이다. 고흐는 왜 별 같지 않은 별을 그린 것

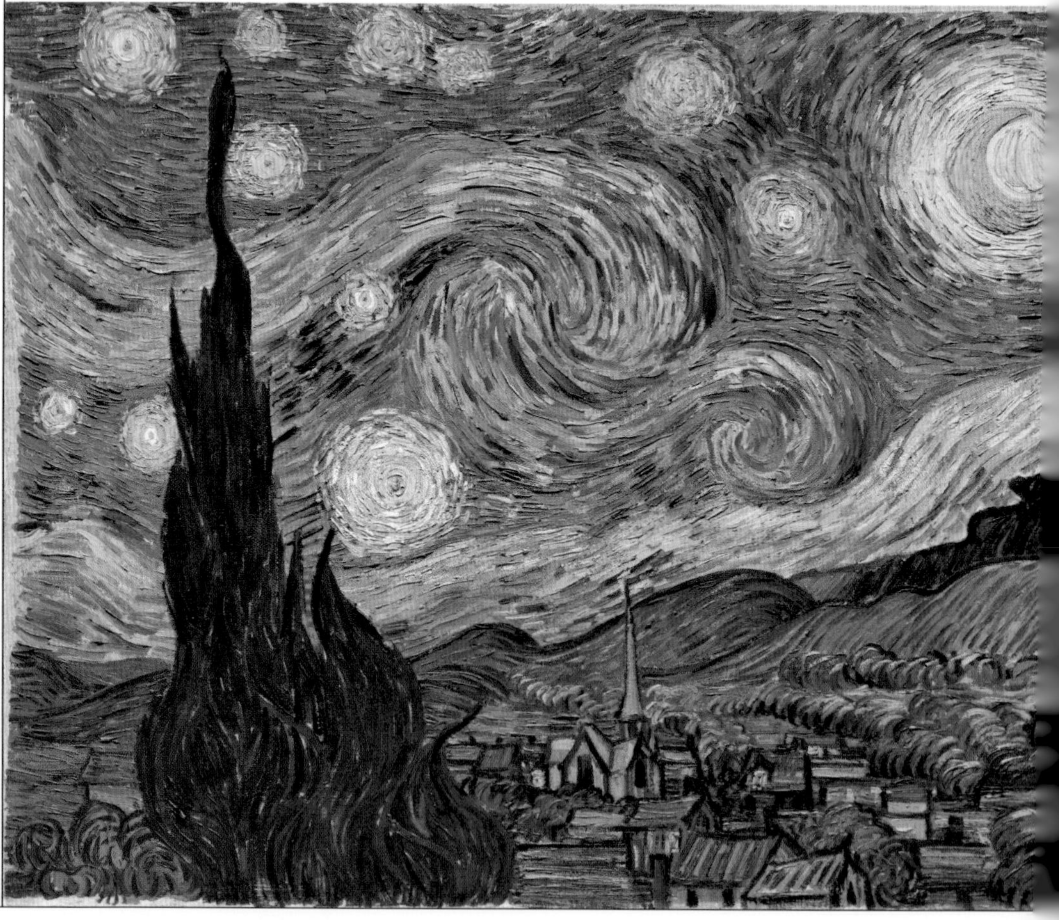

고흐, 〈별이 빛나는 밤〉, 1889년

일까? 우리는 왜 별 같지 않은 별을 그린 고흐의 〈별이 빛나는 밤〉에 감탄하며 걸작이라는 찬사를 보내는 것일까?

위의 예들은 예술을 모방만으로 설명할 수 없음을 보여 준다. 주민등록증의 증명사진이나 현상 수배 전단의 몽타주처럼 잘 모방했음에도 예술이 아닌 것들이 있다. 그리고 고흐의 작품처럼 위대한 예술임에도 잘 모방하지 못한 작품들도 있다. '예술이란 무엇인가?'에 대한 답변은 모방론에 대한 이런 상반되는 사례들 앞에서 방향 전환을 시도한다. 그리고 이 전환의 선두에 표현론이 자리 잡고 있다.

## 2. 낭만의 푸른 꽃

현실에 존재하는 예술을 모두 설명할 수 없다면, 예술에 대한 새로운 답변이 필요한 것이 아닐까? 모방론의 한계는 '예술이란 무엇인가?'에 대한 두 번째 대표적인 답변, '표현론'의 탄생으로 이어진다. 프랑스 계몽주의●에 대한 반발로 독일 낭만주의가 시작되었고, 18세기 낭만주의 예술을 배경으로 표현론이 등장했다.

계몽주의는 이성의 빛으로 세상에 조화와 질서를 불어넣으려

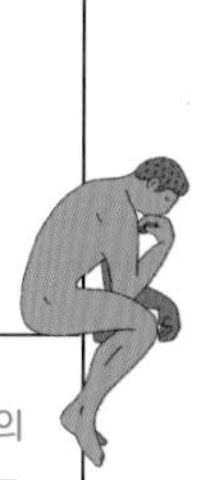

● 프랑스를 중심으로 17세기 후반에 시작되어 18세기에 절정에 이른 사상의 흐름이다. 정치, 사회, 문화의 영역에 걸쳐 서양의 근대화를 완성하는 데 기여했다. 장 자크 루소Jean-Jacques Rousseau, 볼테르Voltaire, 드니 디드로Denis Diderot 등이 대표적인 계몽주의 사상가다.

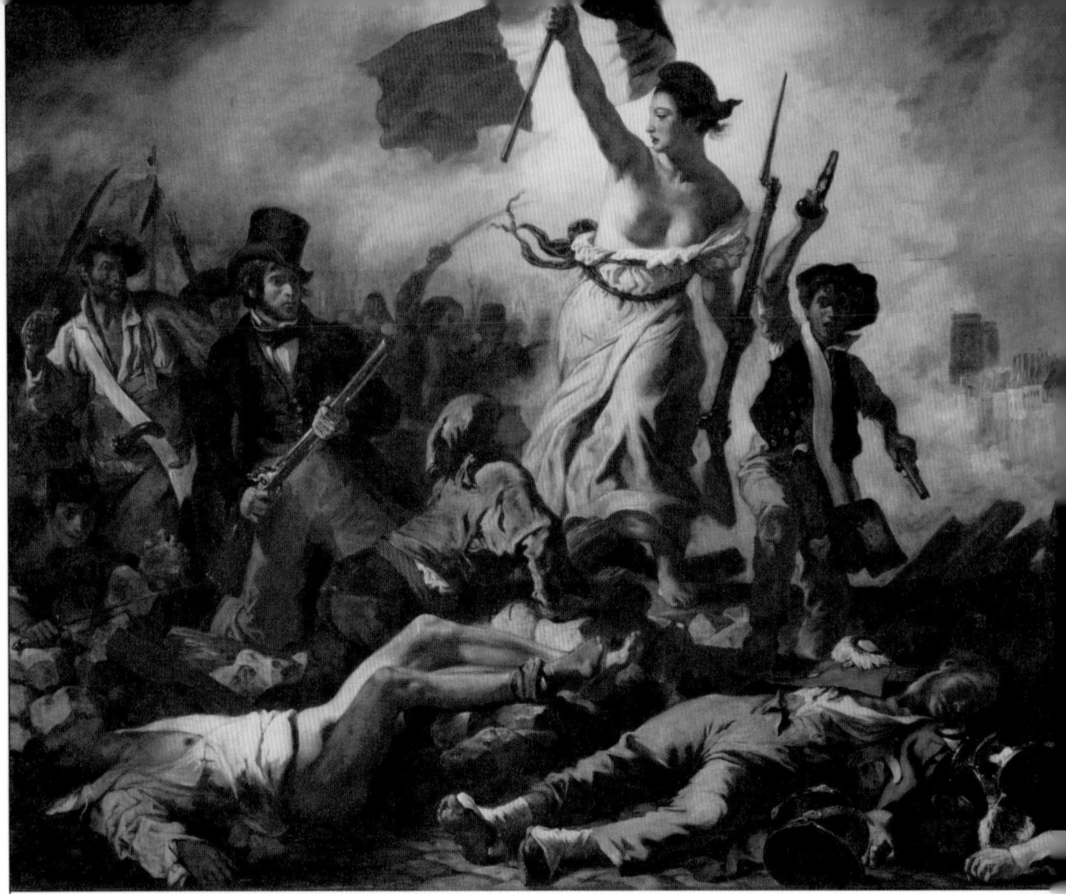

들라크루아, <민중을 이끄는 자유의 여신>, 1830년.

했다. 계몽주의의 광휘 아래 세상을 운영하는 원리로 신의 섭리 대신 인간의 합리성이 자리 잡았고, 세상 곳곳은 합리성에 맞추어 재편성되었다. 전 유럽은 자유, 평등, 박애를 내세운 프랑스 혁명을 계몽주의의 화신으로 추앙하며 열광했다. 미망과 야만에서 해방된 계몽의 시대에 대한 희망이 한껏 부풀어 올랐다.

그런데 계몽주의의 선두에 섰던 프랑스 혁명이 의외의 결과를 가져왔다. 혁명이 진행될수록 피의 복수가 자행되면서 야만과 폭력이 기승을 부렸다. 이성 중심의 계몽이 세상에 빛과 해방이 아닌 어둠과 야만을 불러일으켰다. 재앙이 찾아온 것이다. 이제 사람들은 이성에서 벗어나는 탈주를 꾀했다. 거기에 앞장선 것이 낭만주의다.

낭만주의는 이성의 빛만으로는 설명할 수 없는 또 다른 소중한 세상이 있다고 생각했다. 꿈, 신화, 신비, 환상, 무한, 불가해 같은 영역이 그러했다. 이러한 영역은 이성적으로 그 까닭과 내용을 분명하게 밝힐 수 없지만, 그렇다고 무가치한 영역은 아니다. 독일의 대표적인 낭만주의 예술가 노발리스Novalis(1772~1801년)는 자신의 소설 『푸른 꽃Heinrich von Ofterdingen』에서 이렇게 말한다.

> "꿈은 지루한 일상의 속박에서 벗어날 수 있는 출구입니다. 현실에서 꼼짝없이 갇혀 있던 상상력이 꿈속에선 활개를 펴고 자유롭게 놀 수 있습니다. 꿈속에서는 현실의 모습들이 뒤죽박죽되기도 하고 온전한 정신을 지닌 어른들의 사고방식이 순진한 아이들의 웃음소리에 방해받기도 합니다. 그렇지만 꿈이 없다면 우리는 더 빨리 늙어 버릴 겁니다. 꿈은 천국에서 직접 준 것은 아닐지라도 성스러운 선물입니다. 살아가는 동안 꿈을 친근하게 받아들입시다. 간밤에 꾸었던 꿈이 삶에 아무런 의미도 없는 헛된 것은 아닐 겁니다. 왜냐하면 꿈을 꾸면서 감정과 영혼이 생기를 되찾아 훨훨 날아올랐으니까요."

우리는 때로 꿈, 신화, 환상, 무한의 영역을 통해 도약하고 구원받는다. 낭만주의 예술가들은 이성을 통해서는 이러한 영역에 도달할 수 없다고 보았다. 이 영역에 도달하기 위해서는 직관, 감성, 상상이 필요하다. 그리고 그런 능력은 평범한 사람의 몫이 아니다. 자유롭고, 열정적이고, 역동적이고, 때론 광기 어린 천재나 초인의 몫이다. 예술은 그러한 천재나 초인들의 직관과 감성과 상상력이 꽃피어 표현되는 꿈, 신화, 환상, 무한, 불가해의 영역이다.

독일에서 시작된 낭만주의는 유럽 전역으로 확산되어 예술에 지대한 영향을 끼쳤다. 합리성, 질서, 조화, 아름다움 등과 대비되는 감성, 무질서, 부조화, 추함 등이 예술의 한편을 차지한 데는 낭만주의의 공이 크다. 거칠게 말해, 낭만주의는 그리스의 디오니소스• 축제를 부활시켜 초현실주의의 여울목을 지나게 한 뒤 현대 아방가르드 예술로까지 이어 주었다. 낭만주의는 고대 디오니소스의 자식이자 현대 아방가르드의 아버지인 것이다. 낭만주의를 대표하는 예술가로는 요한 볼프강 폰 괴테J. W. von Goethe, 윌리엄 워즈워스William Wordsworth, G. G. 바이런G. G. Byron, 퍼시 셸리Percy B. Shelley, 존 키츠John Keats, 프레데리크 쇼팽Frédéric Chopin, 프란츠 리스트Franz Liszt, 요하네스 브람스Johannes Brahms, 주세페 베르디Giuseppe Verdi, 외젠 들라크루아Eugéne Delacroix, 존 컨스터블 John Constable, 윌

• 대지의 풍요를 주재하는 신이면서 술의 신이기도 하다. 디오니소스를 찬양하는 제의에서 행해지는 격렬하면서도 환각적인 춤과 노래 등에서 예술이 발전했다.

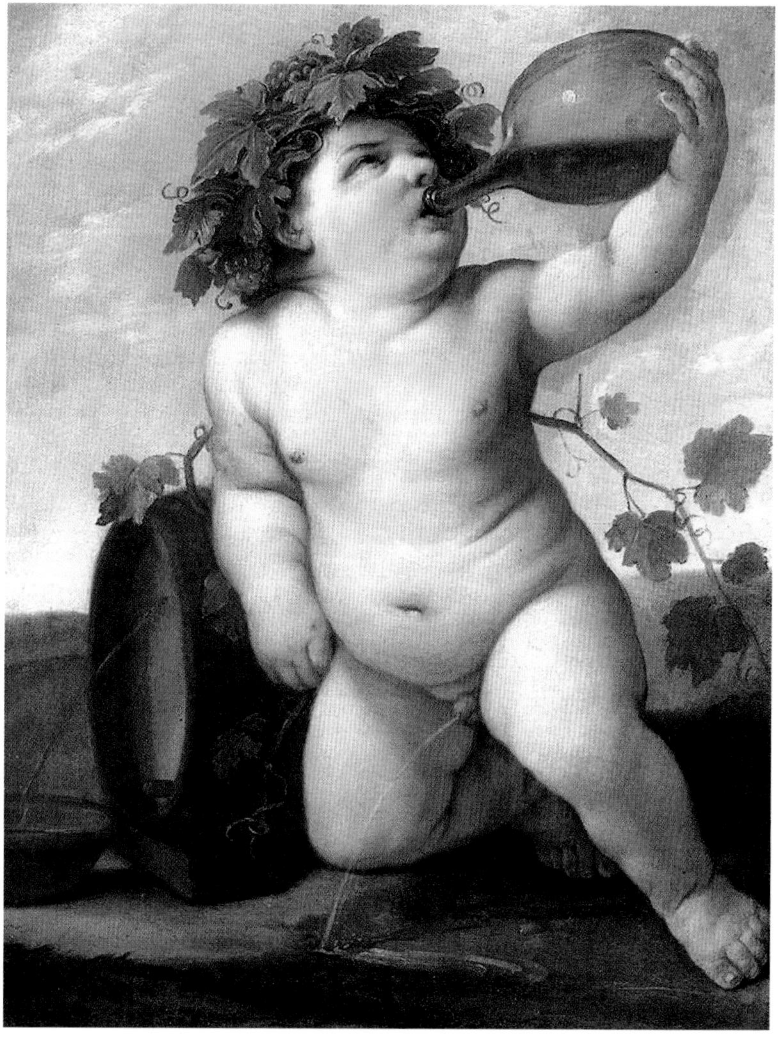

귀도 레니, <술 마시는 바쿠스>, 1623년.

리엄 터너J. M. William Turner, 카스파르 프리드리히Caspar D. Friedrich 등이 있다.

낭만주의 예술은 외부 대상에 대한 모방이나 재현보다는 상상력을 통한 작가의 독창적인 감정 표현을 중시한다. 따라서 그런 표현을 위해서라면 외부 대상에 대한 모방이나 재현은 약화되거나 왜곡되어도 무방하다. 결국 낭만주의 예술이 영향력을 발휘하면서 모방론은 '예술이란 무엇인가?'에 대한 답변으로서의 영향력을 잃기 시작한다. 이로써 낭만주의 예술을 설명할 수 있는 더 포괄적인 답변이 필요하게 되었는데, 이러한 필요성을 충족시킨 것이 표현론이다. 표현론의 대표적인 이론가로는 레프 톨스토이Lev Tolstoy(1828~1910년), 베네데토 크로체Benedetto Croce(1866~1952년), 로빈 조지 콜링우드Robin George Collingwood(1889~1943년), 수잔 랭거Susanne Langer(1895~1985년) 등을 꼽을 수 있다. 이 중 톨스토이와 콜링우드의 사유를 살펴보자.

## 3. 톨스토이_더불어 있다는 느낌

러시아의 대문호 톨스토이•는 15년여의 산고 끝에 1898년 『예술이란 무엇인가Chto Takoye Iskusstvo』를 내놓았다. 그는 이 저작에서 예술의 중심에 감정이 놓여 있음을 역설하며, 예술에 대해 다음과 같은 정의를 내린다.

> 예전에 경험했던 감정을 스스로의 마음속에 상기시키고, 그런 후에 움직임, 선, 색, 소리를 통해, 그리고 단어로 표현된 이미지를 통해 상기된 감정을 다른 사람도 경험하게끔 전달하는 것—예술 활동은 이 속에 존재한다.

톨스토이를 따라 예술 활동을 해 보자. 여러분 생애에서 가장 강렬한 인상을 남긴 경험은 무엇인가? 어릴 적 친구들과 뛰놀았던 경험, 저물녘 가족과 함께 산책했던 경험, 밤을 지새우며 책을 읽었던 경험, 짝사랑을 바로 앞에 두고도 벙어리처럼 말도 못 했던 경험, 가까운 사람과의 이별에 눈물을 펑펑 쏟았던 경험, 감당할 수 없는 인생의 무게에 짓눌렸던 경험……. 이 중 가장 인상적인 경험을 떠올려 보자. 그리고 당시 느꼈던 감정을 떠올려 보자. 기쁨, 가슴 벅참, 따스함, 안타까움, 슬픔, 고독 등이 떠오를 것이다. 인상 깊었던 경험과 당시에 느꼈던 감정이 여러분의 몸과 마음을 가득 채우도록 하라. 이제 그 가득 채워진 경험과 감정을 몸과 마음 밖으로 내보내야 한다. 이때 여러분이 원하는 예술적 방법을 선택하라. 만약 움직임을 선택한다면 여러분의 경험과 감정은 춤을

● 러시아의 사상가이자 문학가로, 『전쟁과 평화』, 『안나 카레니나』를 비롯한 대작을 많이 남겼다. 톨스토이는 철학적, 사상적 문제를 추상적인 사고 속에서가 아니라 작품 속에 구체적이고 경험적인 시공간과 인물을 창조하여 해결하려 했다. 사회 계몽운동에도 적극적으로 참여했다.

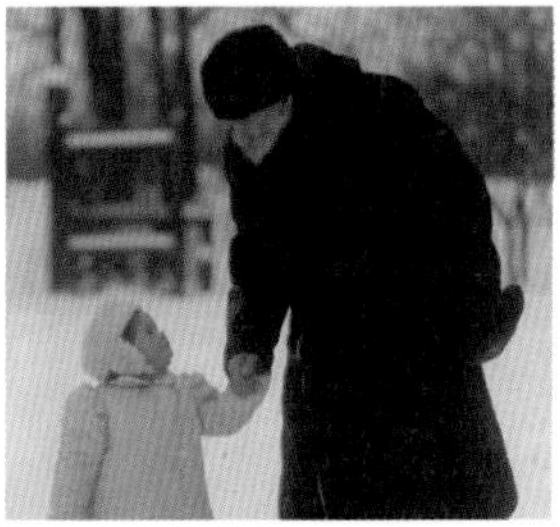

통해 표현될 것이다. 선과 색을 선택한다면 그림을 통해 표현될 것이다. 소리를 선택한다면 벙어리 냉가슴 같았던 여러분의 첫사랑은 애달픈 곡조가 되어 밤하늘을 가로질러 흐를 것이다. 글을 선택한다면 가족과의 산책은 한 편의 시가 되어 선홍빛 노을로 번져 나갈 것이다.

그런데 여기서 한 가지 주의할 점이 있다. 만일 여러분이 공들여 표현한 감정이 다른 사람에게 공감을 얻지 못한다면, 심지어 비웃음을 산다면 어떻게 될까? 여러분은 슬픔에 차서 눈물을 펑펑 흘리며 노래를 불렀는데, 사람들이 시큰둥한 표정을 짓고 있다면? 이 경우 톨스토이는 여러분의 예술 활동이 실패했다고 본다. 예술 활동에서 감정을 표현하는 일도 중요하지만 표현한 감정이 다른 사람에게 전달되어 공감을 불러일으키는 것이 더 중요하기 때문이다. 다른 사람과 교감하지 못하는 감정의 표현은 예술이 될 수 없다. 관객보다 먼저 우는 비극, 관객보다 먼저 웃는 희극은 예술일

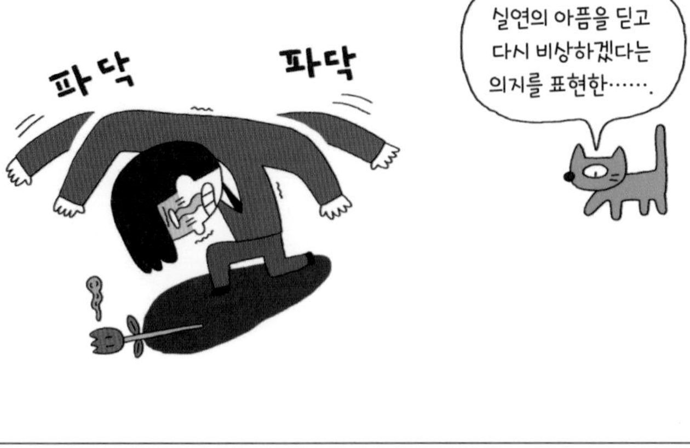

수 없는 것이다.

톨스토이는 언어가 한 개인의 생각을 다른 사람에게 전달하는 수단이듯, 예술은 한 개인의 감정을 다른 사람에게 전달하는 수단이라고 보았다. 이렇듯 예술의 중심에 감정을 놓는다는 점에서 톨스토이는 낭만주의 정신과 맥을 같이하며 괴테, 프리드리히 실러Friedrich von Schiller, 쇼팽 같은 낭만주의 예술가들에 대해 우호적이다. 그러나 다른 한편으로 바이런, 샤를 피에르 보들레르Charles-Pierre Baudelaire, 리스트, 리하르트 바그너W. Richard Wagner, 루이 엑토르 베를리오즈Louis-Hector Berlioz, 브람스 같은 몇몇 낭만주의 예술가들에 대해서는 매우 비판적이다.

톨스토이가 후자의 예술가들에 대해 비판적인 이유는 그들이 전달하는 감정의 질이 낮기 때문이다. 예술가는 자신이 경험한 감정을 전달하되, 경험한 감정 중에서도 '삶 속에서 성취한' '가장 높고 가장 좋은 감정'을 감상자들에게 전달해야 한다. 톨스토이가 생각하는 가장 높고 가장 좋은 감정은 '종교적 의식에서 비롯된' 감정이다. 여기서 종교적 의식이란 특정 교파의 교리를 의미하는 것이 아니다. 톨스토이에게 종교적 의식이란 각 시대나 사회가 생각하는, 그리고 추구하는 '최상의 삶의 의미'를 뜻한다. 이 최상의 삶의 의미에 부합하는 감정을 전달하면 좋은 예술이고, 그렇지 못하면 나쁜 예술이다. 예컨대 어떤 사회에서 구성원들이 생각하는 최상의 삶의 의미가 기독교적 형제애라면 이것을 북돋는 감정을 전달하는 예술이 좋은 예술이고, 최상의 삶의 의미가 불교적 무욕이라면 욕망을 자극하는 감정을 전달하는 예술은 나쁜 예술이다.

이런 맥락에서 톨스토이는 자신이 속한 당대 러시아 사회에 필요한 최상의 삶의 의미가 무엇인지 고민했다. 당시 러시아는 러시아 혁명●의 불길을 눈앞에 둔 폭풍 전야와 같은 상황으로 귀족, 지주, 농노 등의 계급 갈등 때문에 상처를 입고 분열되어 있었다. 톨스토이는 이 상처와 분열을 치유하기 위해서는 사회적 연대감이나 형제애를 북돋는 예술이 필요하다고 보았다. 그는 이러한 필요를 만족시킬 수 있는 작품으로 민담, 노동요, 우화 등을 꼽았다. 그리고 스스로 우화를 창작해 사회적 연대감과 형제애를 고양하고자 노력하기도 했다.

## 4. 정치의 예술화

그런데 이러한 톨스토이의 예술 이론은 격렬한 반발을 불러일으켰다. 그중 예술이 정치 선동의 수단이 될 수 있다는 비판이 가장 거셌다.

이를테면 나치즘과 같은 전체주의 사회를 생각해 보자. 이 사회가 생각하는, 그리고 추구하는 최상의 삶의 의미는 게르만 민족

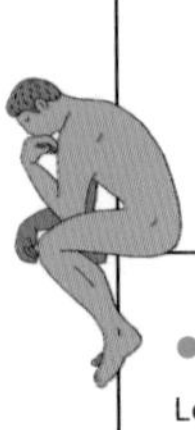

● 1905년부터 1917년까지 이루어진 러시아의 사회 변혁 운동이다. 혁명의 결과 블라디미르 레닌Vladimir I. Lenin이 주도하는 공산주의 국가가 인류 역사상 최초로 탄생하게 된다.

의 대동단결이다. 이 목표에 방해가 되는 이민족들은 제거해야 한다. 인종 청소가 민족의 대동단결을 위해 정당화된다. 이러한 목적에 부합하는 감정을 전달하는 예술이 좋은 예술로 인정받는다. 민족의 단결을 고취하기 위한 음악이 울려 퍼지고, 인종 청소를 부추기는 시가 소리 높여 낭송된다. 나치즘을 선전하는 대규모 군중집회에서는 아돌프 히틀러Adolf Hitler의 초상을 담은 대형 현수막이 펄럭이고 웅장한 교향악을 배경으로 이민족에 대한 격렬한 분노를 담은 시가 낭송된다. 시 낭송이 끝날 무렵, 연극 무대처럼 꾸며진 연단 위로 입술을 굳게 다문 히틀러가 뚜벅뚜벅 등장한다. 구름처럼 몰려든 군중은 누가 먼저랄 것 없이 손을 높이 올려 "하일(만세) 히틀러!"를 외친다. 다시 웅장한 교향악이 울려 퍼진다. 군중은 남녀노소를 불문하고 감정이 격앙되어 눈물을 흘리고, 몇몇은 감정을 주체하지 못해 실신한다.

이 경우 예술이 정치 선동의 수단으로 전락•하는 일이 발생한 것이다. 독일의 비극적 철학자 발터 벤야민Walter Benjamin은 이러한 현상을 '정치의 예술화'라고 경고한 바 있다. 이 같은 현상은 역사 곳곳에서 발생한다. 우리의 경우에도 각종 정치 집회에서 연사가

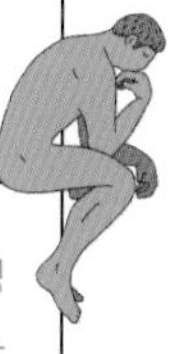

● 독일의 배우이자 영화감독인 레니 리펜슈탈Leni Riefenstahl은 히틀러와 나치당을 화려하게 극화한 기록영화를 통해 나치즘에 복무한 예술가의 전형으로 꼽힌다. 그의 대표작인 〈의지의 승리Triumph Of The Will〉는 웅장한 바그너의 음악, 히틀러를 신격화하는 이미지 연출, 세련된 카메라 기교와 역동적인 편집 등을 통해 1934년의 나치당 뉘른베르크 전당대회를 화려하고 숭고한 예술로 표현했다. 영화사에서 가장 뛰어난 기록영화 감독의 한 사람으로 꼽히는 리펜슈탈은 나치의 정치 선전에 예술을 이용했다는 비판에 대해, 자신은 영화의 미학적 힘을 보여 주었을 뿐이라고 항변했다.

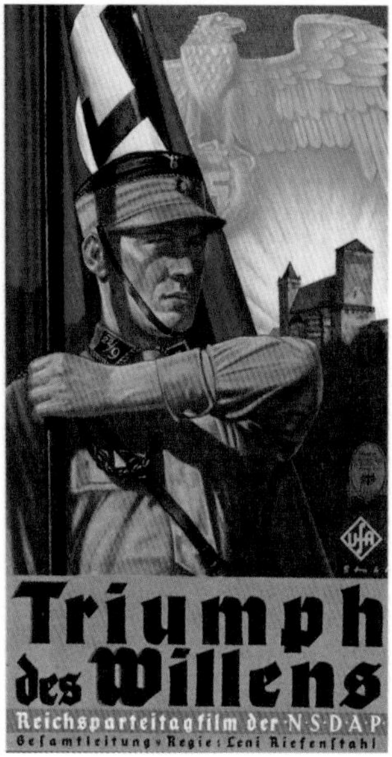


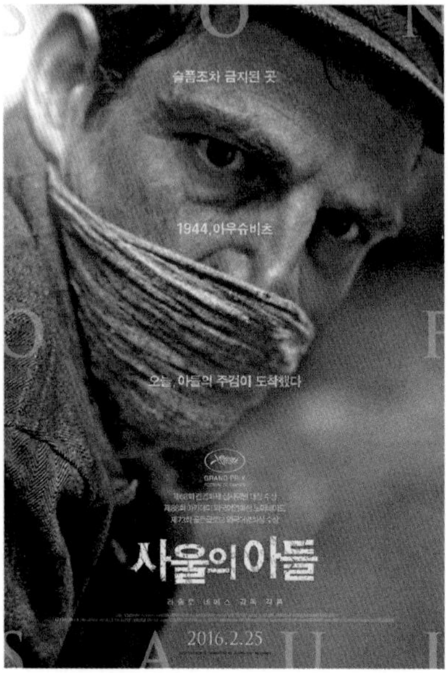


리펜슈탈, <의지의 승리>, 1934년.
라즐로 네메스, <사울의 아들>, 2015년.

등장하기 전에 음악과 춤으로 감정이 고양되도록 분위기를 조성하는 경우가 많다. 이렇게 감정이 고양된 또는 격앙된 상태에서 연설을 들을 경우, 그 연설의 타당성을 올바로 따져 보기 힘들어진다. 예술적 효과로 치장한 정치 집회, 즉 예술화된 정치 집회는 선전과 선동의 장으로 전락하고 만다.

물론 톨스토이가 나치즘의 정치적 선동에 동원되는 예술을 찬양한 것은 아니다. 그렇지만 사회를 개선하는 데 기여하는 감정의 전달에 초점을 맞추는 그의 예술관은 사회의 개선을 어떻게 생각하느냐에 따라 큰 재앙을 몰고 올 수도 있다. 감정을 예술의 중심에 놓으면서도 톨스토이식의 재앙을 피할 방법은 없을까?

## 5. 콜링우드_감정의 심포니

영국의 철학자이자 역사가 콜링우드의 이론은 이 질문에 대한 답변을 모색하는 데 큰 도움이 된다. 콜링우드의 저서 『예술의 원리 The Principles of Art』는 '예술이란 무엇인가?'라는 질문과 그 답에 초점을 맞추고 있다. 즉 "이것, 이것, 이것은 예술이고, 저것, 저것, 저것은 예술이 아니다."라고 자신 있게 말할 수 있게 하려는 것이 콜링우드의 중심 과제다. 일단 콜링우드에게 톨스토이식의 예술은 예술이 아니다. 예술을 통해 감상자에게 특정 감정을 전달하는 일은 특정 감정의 전달이라는 목적을 위해 예술이라는 수단을 사용하는 일일 뿐이다. 콜링우드가 보기에 톨스토이가 주장하는 예술은 '특정 요구를 만족시키려는 목적을 위한 수단'인 기예의 일종이지 예술이 아니다. 전달하려는 감정이 어떤 것이냐에 따라 오락, 마술, 지침, 선동 등의 기예가 될 수는 있지만 예술은 될 수 없다는 것이다. 그렇다면 콜링우드에게 예술이 되는 '이것, 이것, 이것'은 무엇인가? 콜링우드에 따르면 예술은 톨스토이가 주장하는 대로 감정과 관련을 맺기는 하지만, 톨스토이의 생각과는 달리 감정을 전달하거나 또는 환기하는 것이 아니라 정리하는 것이다. 콜링우드의 생각을 이해하기 위해 연수의 일상으로 들어가 보자.

연수의 오늘 첫 수업은 토론 시간이다. 오늘의 주제는 '지구온난화'. 토론 주제에 대한 생각을 정리한 연수는 조용히 공책을 펼쳤다. 그리고 연필을 꺼내 들고 생각을 적어 내려갔다. 연수는 지구온난화가 무엇인지, 지구온난화의 원인은 무엇인지를 생각해 본 다음 지구온난화를 막을 대책을 찾아보았다. 막막하고 복잡하게 얽혀 있던 생각이 실타래 풀리듯 정리되는 느낌이었다. 몇몇 친구들은 공책만 펴 놓은 채 선생님의 눈을 피해 장난을 치거나 휴대전화로 문자를 보내고 있었지만 연수는 수업에 집중했다. 지난번 토론 시간에 장난을 치다가 지정 토론자로 뽑히는 바람에 정리되지 않은 생각을 이야기하느라 진땀을 흘렸던 경험이 있기 때문이다. 토론할 순서가 되자 연수는 지정 토론자를 자원했다. 그리고 지구온난화에 대한 자기 생각을 조리 있게 말했다. 선생님도 크게 칭찬해 주셨다.

수업이 끝난 뒤, 연수는 기분 좋게 교문을 나섰다. 발걸음도 가벼웠다. 그런데 갑자기 누가 뒤에서 어깨를 툭 치며 "수다쟁이!"라고 놀리고는 도망가 버렸다. 토론 시간에 장난치던 경식이다. 맞은 어깨도 아팠지만 속이 더 상했다. 연수는 화가 나서 소리를 버럭 질렀다. 경식이는 나 몰라라 도망갔다. 연수는 너무 약이 올라 발을 동동 구르며 울었는데, 그러고 나니 마음이 조금 가라앉았다. 그렇지만 함께 가던 친구들 보기가 쑥스러웠다. 거리를 지나가는 사람들도 자기를 쳐다보는 듯해서 연수는 쥐구멍에라도 들어가고 싶은 심정이었다. '그렇게까지 버럭 소리 지르지 않아도 됐는데, 엉엉 울지 않아도 됐는데……' 하는 후회가 밀려왔다.

우리는 평소에 생각을 정리하는 훈련을 많이 한다. 그런데 감정을 정리하는 훈련은 거의 하지 않는다. 생각을 정리하는 훈련이 필요하듯, 감정을 정리하는 훈련도 필요하다. 연수의 이야기에서 보듯이 벌컥 화를 내거나 하염없이 눈물을 흘리다 보면 감정을 지나치게 드러낸 듯하여 후회스러운 경우가 종종 있다. 그런데 분노나 슬픔은 공책을 펴 놓고 논리적으로 곰곰 헤아린다고 정리되는 것이 아니다. 생각은 염주 알처럼 스멀스멀 밀려오기 때문이다. 이렇게 굴곡이 심한 인간의 감정은 그와 생김새가 비슷한 예술을 통해 정리하는 것이 바람직하다. 루트비히 판 베토벤Ludwig van Beethoven이 인생의 파란만장한 곡절을 〈제5교향곡: 운명Symphony NO.5 in c minor Op.67 Schicksal〉을 통해 때론 용솟음치며 때론 진저리치며 굽이굽이 정리했듯이 우리도 자기 나름의 적절한 예술적 방식

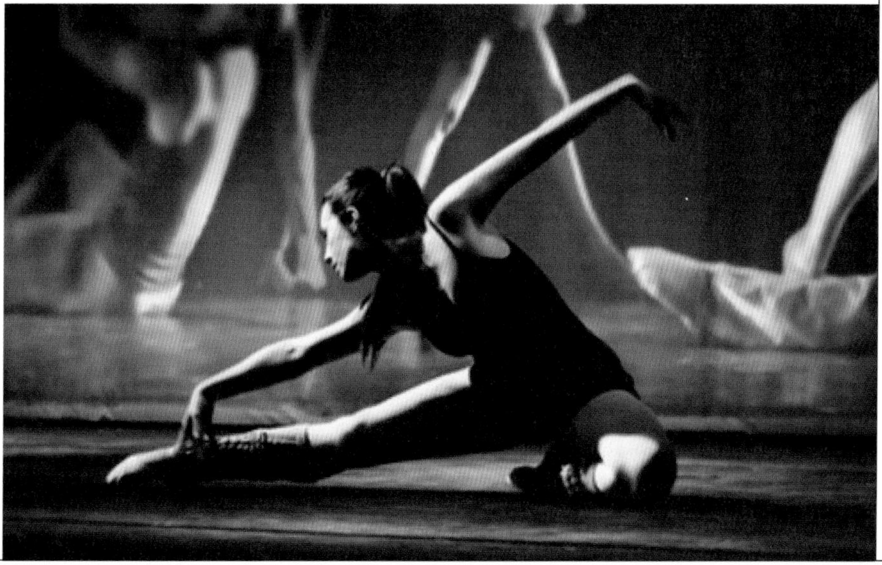

을 통해 그와 같이 할 수 있다. 예술을 통해 감정이 정리되었다면 굳이 타인에게 전달하지 않더라도 예술은 그 소임을 충분히 다한 것이다.

지금까지 살펴본 것처럼 콜링우드의 예술관은 '감정의 전달'을 강조한 톨스토이와 달리 '감정의 정리'를 강조한다. 그리고 이러한 강조를 통해 예술이 정치 선동에 이용될 소지를 방지하면서 낭만주의 예술을 옹호할 근거를 마련하고 있다.

## 6. 불면의 밤, 불타는 시

낭만주의 시인 키츠는 "불면의 밤을 보내며 쓴 시를 떠오르는 아침 해를 바라보며 불태워도 좋다."라고 말했다. 왜 밤새 잠 못 이루며 고생해서 쓴 시를 아침에 불태워 버려도 좋다는 걸까? 시가 못마땅해서? 맑은 정신으로 새로 시를 쓰는 것이 바람직해서? 키츠의 말이 의미하는 것은 콜링우드식 생각과 연관이 있다. 다음과 같은 상황을 생각해 보자.

> 며칠 전 실연의 아픔을 겪었다. 슬픔이 칼처럼 가슴에 돋는다. 분노나 스스로에 대한 모멸감 같기도 하다. 내 감정을 나도 모르겠다. 앉아 있어도 서 있어도 걸어도 뛰어도 애증이 사라지지 않는다. 이러다 무슨 일을 저지를 것만 같다. 헤어진 연인에

게 편지를 보내리라. 책상 앞에 앉아 종이를 펼쳤다. “사랑하는 이여!” 하지만 다음에 쓸 말이 생각나지 않는다. 연인에게 선물 받았던 음악을 틀어 본다. 슬픔이 더 사무친다. 다시 몇 자 적다 찢어 버리기를 여러 차례, 종이가 수북이 쌓여 간다. 한숨이 절로 나오지만, 그래도 글이 조금씩 이어진다. 시간은 자정을 훌쩍 넘기고 새벽으로 향한다. 어느새 편지는 두 장째다. 연인과 함께 보낸 지난 시간이 주마등처럼 지나가고, 좋은 추억과 서운한 추억이 교차한다. 점차 마음이 안정된다. 헤어지자고 한 연인의 마음도 이해된다. 더 좋은 만남을 기약하자고 다짐한다. 어느덧 창문 사이로 아침 해가 떠오르고 있다. 펜을 놓는다. 굳이 편지를 안 부쳐도 될 성싶다. 이제 애증은 사라졌다. 수북이 쌓인 구겨진 종이들 위로 완성된 편지를 던져 버린다.

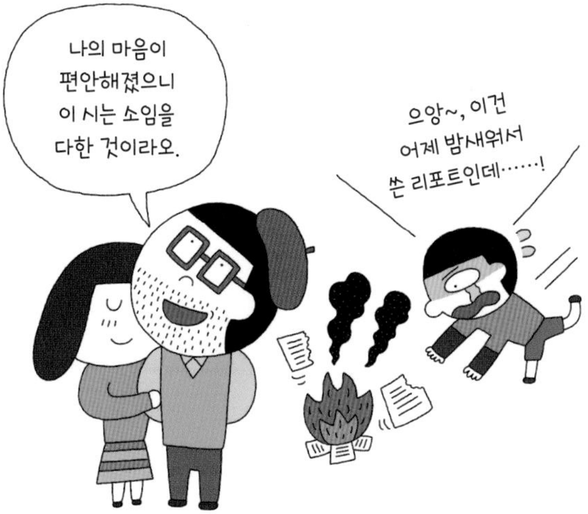

앞서 이야기했듯이 콜링우드는 예술을 통해 감정이 정리되었다면 굳이 타인에게 전달하지 않더라도 예술은 그 소임을 다한 것이라고 했다. 한 통의 편지를 쓰면서 실연의 아픔이 정리되었다면 그 편지를 찢어 버린다고 해서 아픔이 되살아나지는 않는다. 불면의 밤을 보내며 쓴 한 편의 시를 통해 고단한 운명에 대한 시인의 감정이 정리되었다면 그 시를 불태워 버린다고 해서 정리된 감정이 다시 엉망이 되는 것은 아니다. 편지와 시는 창작자의 감정을 정리하는 소임을 다했다. 그러므로 예술로서의 역할을 훌륭히 완성했고, 굳이 타인에게 전달되지 않고 소멸되어도 무방하다.

## 7. 질풍처럼, 노도처럼

지금까지 살펴본 것처럼 표현론에는 두 가지 종류가 있다. 하나는 톨스토이식 표현론이고, 다른 하나는 콜링우드식 표현론이다. 전자는 사회를 좋은 방향으로 이끌 수 있는 감정의 전달을 강조하고, 후자는 개인의 불안정하고 모호한 감정의 정리를 강조한다. 낭만주의 예술은 모방을 포기한 대가로 호된 질책을 받았다. 그런데 전자는 낭만주의 예술에 좋은 감정을 사회적으로 확산시킬 수 있는 역할을, 후자는 감정을 뚜렷하고 분명하게 탐구할 수 있는 역할을 부여했다.

“너는 감정적이야.”라는 말을 들었을 때 여러분의 기분은 어떠

프리드리히, <안개 바다 위의 방랑자>, 1818년.

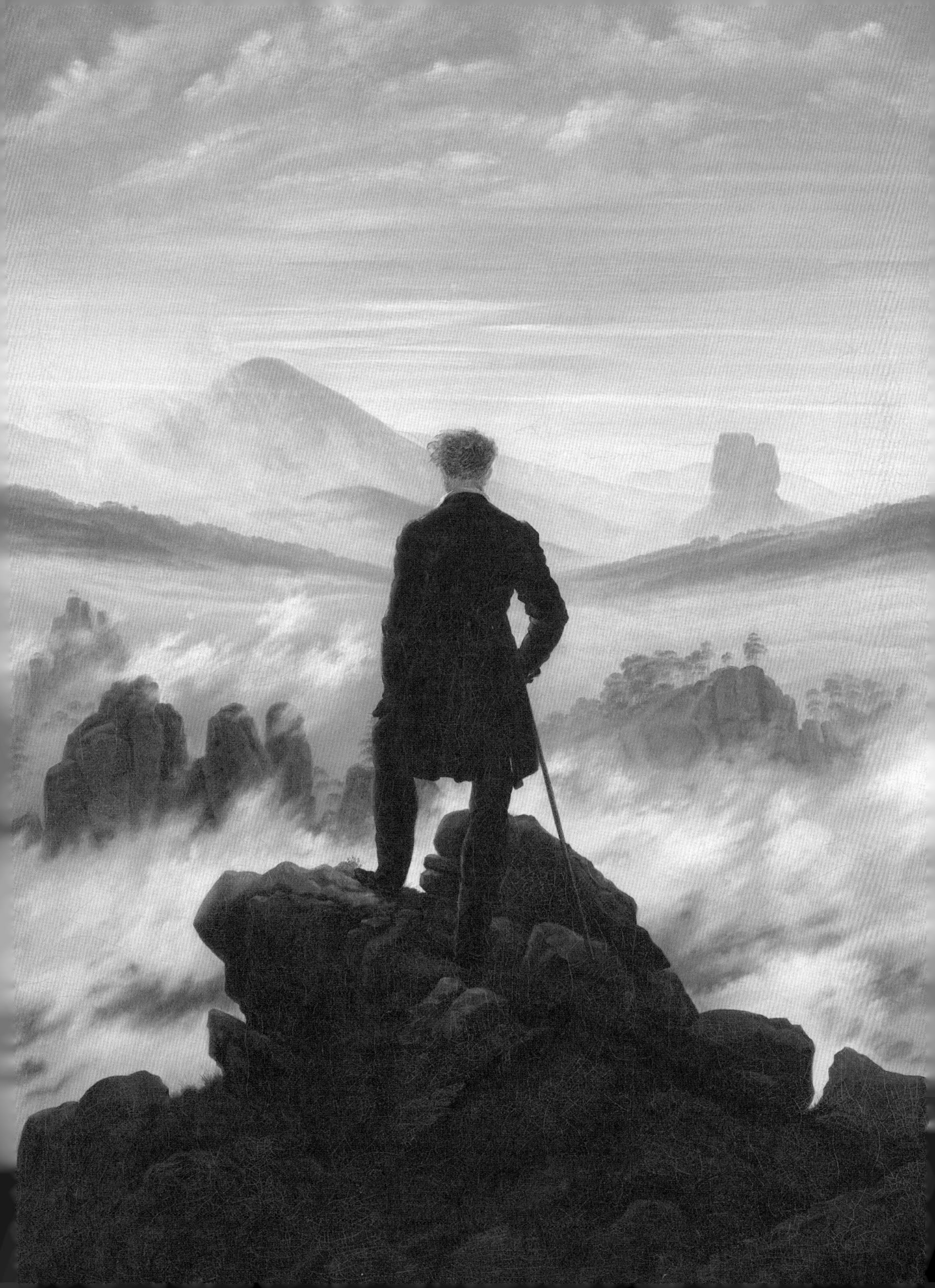

한가? “너는 이성적이야.”라는 말을 들었을 때와 비교해 보라. ‘감정적’이라는 말을 들었을 때가 좀 더 기분이 나쁠 것이다. 흔히 감정은 즉흥적이고 어수선한 영역으로 여겨지곤 했다. 그런데 이는 이성적 잣대로 감정을 평가했을 때의 이야기다. 불쑥 솟구쳐 오르거나 스멀스멀 밀려오는 감정을 어떻게 기승전결이나 삼단논법의 잣대로 잴 수 있는가. 감정은 기승전결의 잣대를 뚫고 힘차게 솟아오르고 삼단논법의 잣대를 비집고 꿈틀꿈틀 자라난다. 감정은 그 용솟음과 꿈틀거림으로 인해 이성적 잣대로는 감당할 수 없는 생명의 힘을 보여 준다. 톨스토이와 콜링우드는 서로 예술을 바라보는 관점은 달랐지만 이러한 감정의 긍정적 기능에 주목하면서 질풍처럼 몰아치고 노도처럼 밀려들었던 낭만주의 예술을 정당화하는 데 기여했다.

# 빈센트 반 고흐, 내 영혼의 절반

태양의 화가 빈센트 반 고흐. 그는 1853년 3월 30일 네덜란드의 국경 마을에서 태어났다. 남동생 테오가 태어난 것은 그로부터 약 4년 뒤였다. 가난한 목사의 장남이었던 고흐는 경제적 어려움으로 열다섯 살에 학업을 중단해야 했다. 고흐는 구필화랑 헤이그 지점에서 일하게 되었고, 곧이어 동생 테오도 학업을 중단하고 구필화랑 브뤼셀 지점에서 일했다. 고흐는 테오에게 편지를 보냈다.

"우리가 같은 화랑에서 같은 일을 하게 되었다는 소식을 듣고 무척이나 기뻤다. 앞으로 자주 편지를 쓰기로 하자."

이후 이들은 고흐가 죽기 전까지 계속 편지를 주고받았다.

1873년 고흐는 구필화랑 런던 지점으로 발령을 받았다. 그곳에서 고흐는 한 여인에게 청혼했으나 그녀는 약혼자가 있다는 이유로 청혼을 거절했다. 고흐는 방황했고 화랑 일도 소홀히 했다. 결국 그는 화랑에서 해고당하고 점점 종교에 의지하게 되었다. 고흐는 목사가 되기 위해 신학교에 입학하려 했지만 그의 희망은 이뤄지지 않았다.

"나도 모르는 사이에 조금씩 무능력해지고 가족에게 짐스러운 존재가 되어 가고 있다. 나는 감정적인 데다가 곧 후회하게 될 일을 저지르고 마는 어리석은 사람이다."

이제 그림만이 그의 희망이었다. 가난했던 그는 곳곳을 전전하면서 그림을 그렸지만, 상황은 좀처럼 나아지지 않았다. 1886년 2월 20일, 고흐는 파리를 떠나 흰 눈이 가득 내린 아를에 도착했다. 여기서 그는 맑은 공기와 밝은 햇살 아래 많은 그림을 그렸다. 1888년 10월에는 파리 시절 의기투합했던 폴 고갱Paul Gauguin도 합류했다.

그러나 고갱과 함께 지내면서 새로운 재앙이 시작되었다. 두 달 정도 같이 지내는 동안 두 사람의 언쟁은 점점 심각해졌고 두 화가의 반목은 절정에 달했다. 1888년 12월 어느 날, 저녁 무렵 산책에 나선 고갱을 누군가가 뒤쫓아 왔다. 면도칼을 들고 달려드는 고흐였다. 고갱은 기겁하며 몸을 피했다. 그날 밤 고흐는 자기 귀를 자르고 혼절했다. 고갱은 아를을 떠났고, 고흐는 정신병원에 입원했다.

"내가 생각하기에 나는 정상이다. 이웃 사람과 똑같은 감성을 지녀야 하는 것은 아니니까 말이다."

퇴원한 고흐는 미친 듯이 그림을 그렸다. 그러나 이웃들이 자신을 냉대하자 더 이상 아를에 머무르지 못하고 또다시 방황하다가 마지막 정착지인 오베르로 향했다. 그는 오베르의 곳곳을 누비며 새벽부터 저녁까지 그림을 그렸다.

"아름다움이 깊이 배어 있는 이곳을 그림으로 그려 보고 싶다."

그렇지만 고독과 가난은 그의 곁을 떠나지 않았다. 그를 도와주던 평생의 후원자 테오도 점점 사정이 어려워졌다. 마침내 물감과 종이를 살 돈마저 떨어졌다. 1890년 7월 27일, 빈센트는 침대 위에서 스스로에게 총을 쏘았다.

“그림을 그리는 일 외에 모든 것은 나를 혼란스럽게 만들 뿐이다. 모든 에너지를 그림에 집중하는 것이야말로 최선의 치료 방법이다.”

“나만의 일을 위해 내 삶을 위험에 몰아넣었고, 그로써 내 이성의 절반은 암흑 속에 묻혀 버렸다.”

“도시와 마을을 상징하는 지도의 검은 점들이 나를 꿈꾸게 만들었듯이 별은 나를 꿈꾸게 한다. 타라스콩에 가려면 기차를 타야 하듯이 별들의 세계로 가기 위해서는 죽음의 관문을 통과해야 한다.”

1890년 7월 29일 새벽, 고흐는 눈을 감았다. 해바라기가 그의 주검을 배웅했고, 동생 테오가 그 뒤를 따랐다. 훗날 낙양의 지가를 올린 정열의 화가 고흐는 그렇게 떠났다. 테오도 형이 죽은 뒤 시름시름 앓다가 세상을 떠났다. 테오는 “형은 내 영혼의 절반”이라는 말을 남겼다. 형제는 세상을 떠났지만 그들이 남긴 그림과 편지는 오늘날까지 영생을 누리며 형제의 사랑을 전하고 있다.

# 제 3 장

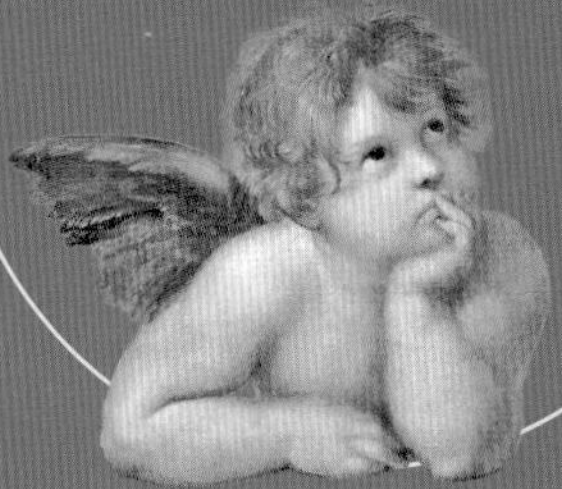

# 소백산에 떠오른
# 몬드리안

형식론

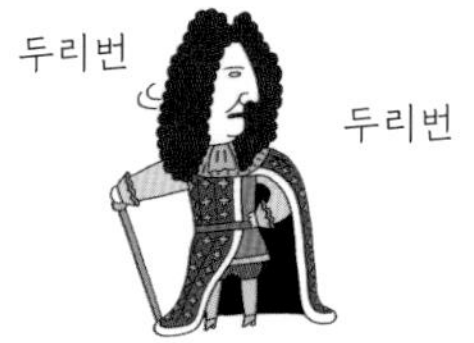


## 1. 파란 냉정, 빨간 분노, 노란 우울

피트 몬드리안Piet Mondrian● 의 그림 〈구성 2 Composition NO. 2〉를 보자. 이 그림은 무엇을 모방했을까? 파란 바다와 빨간 바다와 노란 바다. 푸른 호수와 빨간 용암과 노란 유채꽃. 어색한 답변이다. 몬드리안은 자신의 어떤 감정을 표현하려고 했을까? 파란 냉정과 빨간 분노와 노란 우울. 굽이치는 좌절과 회한. 역시 미심쩍은 답변이다.

그리스나 르네상스 시대의 그림을 보면서 무엇을 모방했는지 파악하는 것은 어렵지 않다. 낭만주의가 풍미했던 시대의 그림을 보면서 작가가 어떤 감정을 표현했는지 추측해 보는 것은 재미있다. 그렇지만 몬드리안의 작품은 사정이 다르다. 〈구성 2〉를 보면

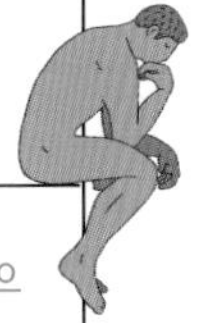

● 네덜란드의 화가로, 추상 화풍의 선구적 개척자다. 질서와 균형의 아름다움을 중시한 추상화를 전개했으며, '구성Composition'이라는 제목으로 시작하는 연작을 비롯해 많은 작품을 남겼다.

몬드리안, <빨강, 파랑, 노랑의 구성>, 1930년.

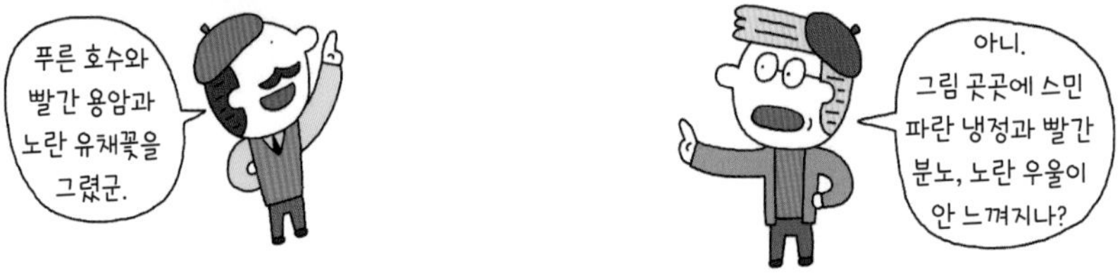


서 무엇을 모방했는지 파악하기는 어렵다. 무엇을 느껴야 하는지도 모호하다. 그러한 시도 자체가 힘들고 억지스럽다.

몬드리안의 그림에 적절히 다가가는 방식은 무엇일까? 그냥 눈에 보이는 그림의 형식들을 자연스럽게 즐기는 것은 어떨까? 빨강과 파랑과 노랑의 색들이 검은 선들과 이루어 내는 단정한 조화가 깔끔하다. 그 깔끔함이 눈을 상쾌하게 만든다. 마음도 상큼하다. 저 그림을 내 필통에 옮겨 와도 좋을 듯싶다. 저 그림처럼 디자인한 에어컨에서 나오는 바람은 한결 상쾌할 것만 같다.

몬드리안의 그림은 추상화의 일종이다. 20세기 초반에 본격적으로 등장해 시대를 풍미한 추상화는 모방론과 표현론으로 이해하기가 곤란했다. 추상화에서 외부 대상에 대한 모방과 내부 감정에 대한 표현을 찾기는 무척 힘들기 때문이다. 새롭게 등장한 추상화를 이해하기 위해서는 새로운 이론이 필요했는데, 그것이 바로 형식론이다.

플라톤은 그림을 거울에 비유했다. 플라톤의 비유에 따르면 모방론의 거울은 세상을 비추고, 표현론의 거울은 작가의 마음을 비춘다. 하지만 형식론의 거울은 다른 무엇을 비추려고 하지 않는다. 형식론의 거울은 스스로를 비출 뿐이다. 모방론이 세상의 풍경에 관심을 가지고, 표현론이 인간의 내면에 주목했다면 형식론은 나르시시즘으로 가득 차 있다. 다음을 통해 형식론의 특징을 살펴보자.

## 2. 소백산 등정기

형식론은 20세기에 추상화가 등장하면서 본격화되었지만, 그 뿌리는 18세기 독일의 철학자 임마누엘 칸트Immanuel Kant● 에 닿아 있다.

뛰어난 학문적 업적을 남긴 칸트는 아름다움에 대해서도 깊이 연구했다.

아름다움이란 무엇인가? 이는 '예술이란 무엇인가?'만큼이나 흥미로운 질문이다. 먼저 우리가 아름답다고 느끼는 대상들을 골라 보자. 눈 덮인 소백산●●, 영변의 약산 진달래꽃, 연인의 얼굴, 밤하늘의 은하수, 모차르트의 음악, 이슬람 모스크의 모자이크 등을 떠올릴 수 있다. 이 대상들은 공통으로 어떤 성질을 가지고 있을 수 있다. 그 공통의 성질은 바로 '아름다움'이 아닐까? 그렇다면 아름다운 성질은 무엇일까? 부드러운 색조, 균형 잡힌 비율, 조화로운 구성 등을 꼽을 수 있다. 우리가 아름다움을 느끼는 대상들에서 '아름다움'을 추론해 내려는 이와 같은 시도는 오랜 전통을 지니고 있다.

그런데 이러한 시도에 의문이 생긴다. 다음과 같은 상황을 생각해 보자.

> 새 밀레니엄이 시작되는 2000년 1월 1일 아침, 구보 씨는 새로운 계획을 세우고 결의를 다질 겸 소백산에 올랐다. 일찍 일출

● 칸트의 대표 저작으로 『순수이성 비판』, 『실천이성 비판』, 『판단력 비판』이라는 3대 비판서가 있는데, 『판단력 비판』에서 아름다움에 대한 문제를 다루고 있다.

●● 충청북도 단양군과 경상북도 영주시에 걸쳐 있는 높이 1440미터의 산으로, 주봉은 비로봉이다. 웅장한 산세, 많은 계곡과 울창한 숲, 문화 유적이 조화를 이루고 사철 경관이 빼어나 1987년 소백산 일대가 국립공원으로 지정되었다. 퇴계 이황도 풍기 군수를 지내며 소백산을 즐겨 올랐다고 한다.

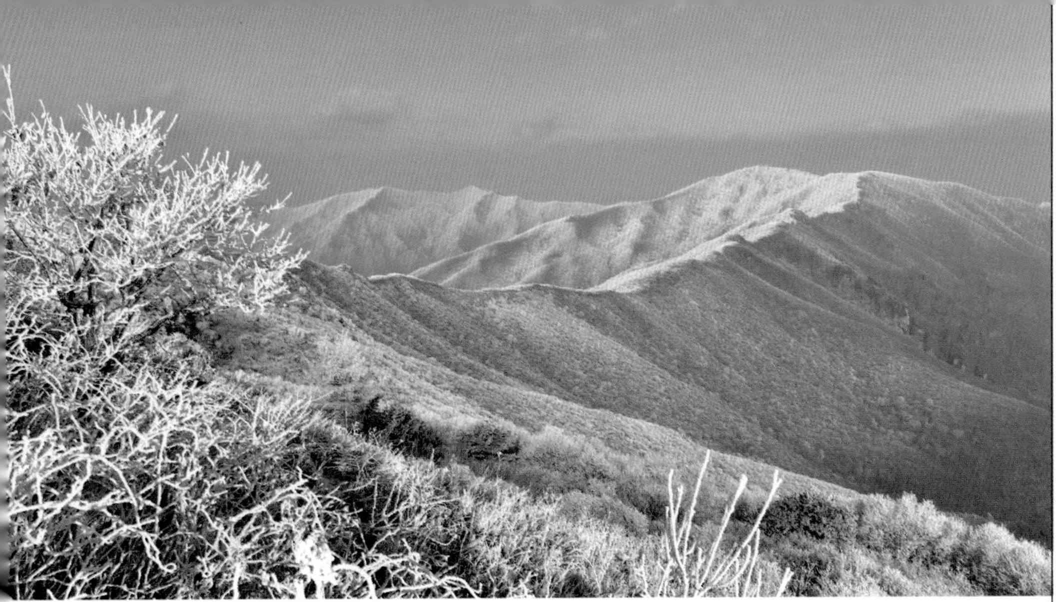

을 본 사람들은 이미 산을 내려오는 중이었다. 구보 씨는 자긍과 희망으로 가득한 그들의 표정을 보며 다소곳이 눈길을 걸어 올라갔다. 산 중턱에는 눈 덮인 나무들이 우거져 있어, 마치 나무들이 눈의 터널을 만들어 구보 씨를 호위하는 듯했다. 눈으로 만든 터널은 한참을 올라가도록 길게 이어졌다. 터널이 끝나고 능선 직전까지는 완만한 경사의 작은 고원이 있었고, 그만한 넓이의 설백이 펼쳐졌다. 그리고 푸르른 하늘. 그곳은 더 이상 지상이 아니었다. 선계 혹은 천상의 아름다움. 그런 아름다움이 소백산의 북풍을 맞으며 서 있었다.

그로부터 몇 년이 흘러 다시 새해가 돌아왔다. 그동안 구보 씨의 삶은 그리 순탄치 않았다. 새천년의 다짐은 흔적조차 남아 있지 않았다. 구보 씨는 문득 눈 덮인 소백산을 떠올리고는 다시 소백산에 올랐다. 영하 15도의 강추위가 몰아쳤고, 체감온도는 더 낮았다. 갑자기 오느라 방한 장비도 제대로 갖추지 못했지만 구보 씨는 한 걸음 한 걸음 정상을 향해 걸어갔다. 귀가 떨어져 나가는 듯했고, 동상에 걸린 듯 온몸의 감각이 사라져 갔다. 구보 씨의 눈앞에 지난번 산행에서 봤던 설백의 작은 고원이 나타났다. 하늘도 그때만큼 푸르렀다. 그런데 구보 씨의 눈에서는 왠지 모를 눈물이 솟구쳤다. 지난 세월이 서럽게 밀려왔다. 크나큰 서러움이 소백산의 북풍과 함께 구보 씨의 온몸을 휘감았다.

소백산의 설경을 보면서, 구보 씨는 한 번은 아름다움을 느꼈고 다른 한 번은 서러움을 느꼈다. 만일 아름다움이 대상이 지닌 특정한 성질이라면, 왜 구보 씨는 소백산의 설경 앞에서 아름다움과 서러움이라는 다른 느낌을 받았을까? 이런 사례는 드물지 않다. 연인의 얼굴도 서로 사이가 좋을 때는 아름답게 느껴지지만 싸우고 난 뒤에는 밉게 느껴진다. 모차르트의 음악도 때론 아름답게 느껴지지만 때론 지루하게 느껴진다. 밤하늘의 은하수도 가족과 함께 있을 때는 아름답게 느껴지지만 밤길을 헤매고 있을 때는 막막하게 느껴진다. 왜 같은 대상이 어떤 때에는 아름답게 느껴지고, 다른 때에는 그와 다르게 또는 그와 정반대로 느껴지는 것일까?

이러한 의문은 '아름다움 = 대상이 지닌 어떤 성질'이라는 생각을 당혹스럽게 만든다. 아무리 대상의 어떤 성질이 아름다움을 불러일으킨다고 해도, 우리의 마음 상태가 그것을 받아들일 조건을 갖추고 있지 않다면 아름다움을 느끼기 어렵다. 소백산의 설경이나 밤하늘의 은하수를 아름답다고 느낄 수 있으려면 우리의 마음은 어떤 상태여야 할까?

## 3. 오, 베르사유!

칸트는 여기서 무관심성의 상태를 언급한다. 우리의 마음이 무관심성의 상태일 때 아름다움을 적절하게 느낄 수 있다는 것이다. 무관심성의 상태란 모든 관심에서 벗어나 있는 관조의 상태를 말한

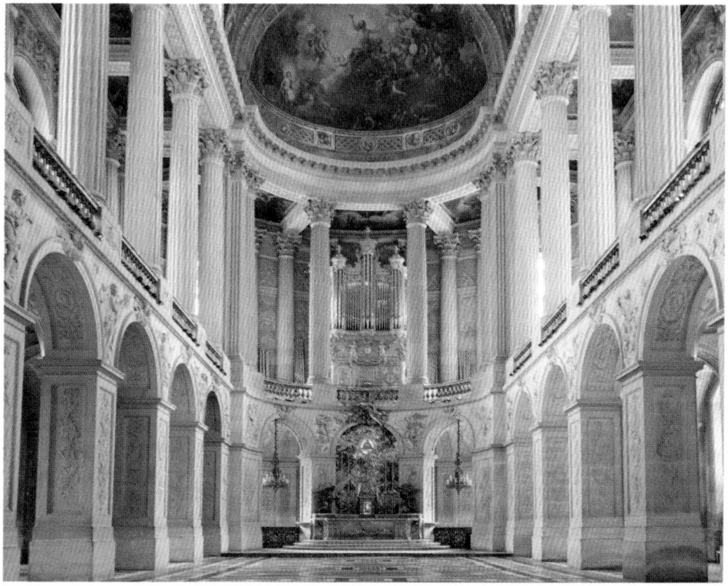

베르사유 궁전의 예배당, 프랑스 파리, 17~18세기.

다. 예를 들어 베르사유 궁전을 바라보고 있다고 가정하자. 금강산도 식후경이라고, 우리가 매우 배고픈 상태라면 우리는 본능적인 데에 관심을 두고 베르사유 궁전의 아름다움은 느끼지 못할 것이다. 우리가 윤리적인 문제에 관심을 두고 있다면 '백성의 고혈을 그처럼 무용한 것에 낭비하는 왕후들의 허영'에 분노를 느끼지, 아름다움을 느끼지는 못할 것이다. 우리가 경제적인 사안에 관심을 두고 있다면 아름다움을 느끼기보다는 베르사유 궁전 덕분에 벌어들이는 프랑스의 관광 수입에 부러움을 느낄 것이다. 이렇듯 우리가 어떤 점에 관심을 가지느냐에 따라 베르사유 궁전이라는 동일한 대상에 대한 느낌은 얼마든지 달라질 수 있다. 그런데 칸트에 따르면, 베르사유 궁전에 아름다움을 느낄 때의 우리 마음 상태는 정치적·윤리적·경제적·본능적 관심 등 모든 관심에서 벗어나 있는 무관심성의 상태라는 것이다.

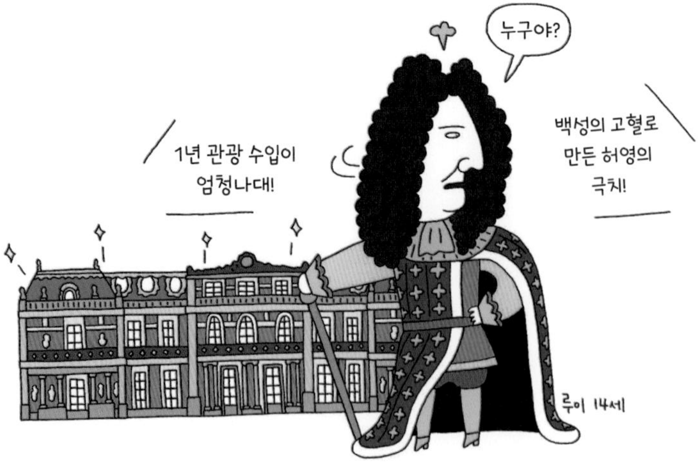

무관심성 상태에 대한 강조는 아름다운 느낌을 유발하는 대상의 성질이 무엇인가 하는 논의에도 영향을 준다. 아무리 아름다운 대상이라도 우리의 마음 상태가 무관심성의 상태가 아니라면 아름다움을 느낄 수 없다. 마찬가지로, 아무리 완벽한 무관심성의 마음 상태라고 하더라도 대상이 전혀 아름다운 성질을 지니고 있지 못하다면 아름다움을 느낄 수 없다. 마음의 무관심성의 상태와 대상의 아름다운 성질이 조화를 이루어야 아름다움을 느낄 수 있는 것이다. 칸트는 마음의 무관심성의 상태와 조화를 이루는 대상의 아름다운 성질은 대상의 순수한 형식이라고 보았다. 하얀 눈과 푸른 하늘이 빚어내는 소백산 설경의 순수한 형식, 어두운 하늘을 밝게 수놓는 은하수의 순수한 형식, 건물과 정원이 어우러져 만들어 내는 베르사유 궁전의 순수한 형식을 무관심성의 상태에서 바라볼 때 아름다움을 느끼게 된다는 것이다. 너무 자극적이고 현란한 형식은 우리의 마음을 어지럽히기 때문에 아름다움을 느끼기 어렵게 만든다.

## 4. 2차원 속의 3차원

아름다움에 관한 칸트식 생각은 20세기에 이르러 예술에 관한 형식론을 탄생시키는 데 많은 영향을 주었다. 형식론의 대표적 이론가인 클리브 벨Clive Bell은 『예술Art』에서 다음과 같이 말한다.

> 예술 작품을 존재하게끔 만드는 어떤 한 가지 성질이 있어야만 한다. 그 성질을 가지고 있지 않은 작품은 가치가 없다. 그 성질은 무엇인가? 우리에게 아름다운 느낌을 불러일으키는 모든 대상은 어떤 성질을 공유하고 있는가? 아야 소피아 성당, 샤르트르 대성당의 스테인드글라스, 멕시코 조각, 페르시아 카펫, 중국 도자기, 지오토 디 본도네Giotto di Bondone의 프레스코 그림, 니콜라 푸생Nicolas Poussin이나 폴 세잔Paul Cezanne의 걸작 등이 가지고 있는 공통적인 성질은 무엇인가? 오직 한 가지 대답만이 가능한 것처럼 보인다. 바로 의미 있는 형식이다. 각각의 작품에서 특정한 방식으로 결합된 선과 색채들, 특정한 형태와 형태의 관계가 우리에게 아름다운 느낌을 불러일으킨다. 나는 선과 색채의 관계가 결합을, 미적으로 감동적인 형태를 '의미 있는 형식'이라고 부른다. 그리고 '의미 있는 형식'은 시각예술의 모든 작품이 공통으로 갖고 있는 한 가지 성질이다.

아야 소피아 성당, 터키 이스탄불, 532~537년.

아름다움에 관한 칸트의 이야기와 예술에 관한 벨의 이야기는 '형식'을 공통인수로 삼으며 구보 씨의 '아름다운 예술' 이야기를 들려준다.

> 화가 구보 씨. 그는 세상에서 가장 아름다운 그림을 그리고 싶었다. 어떤 그림이 세상에서 가장 아름다운 그림일까? 물론 구보 씨가 가장 아름다운 그림을 그린다 해도 감상자가 무관심

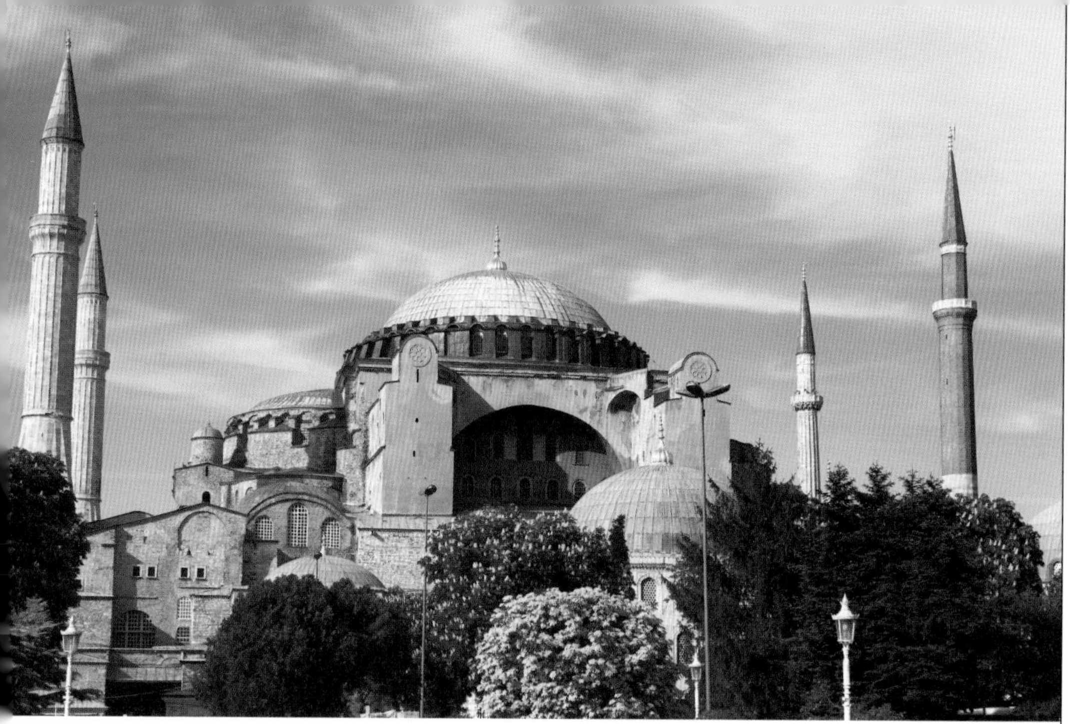

성의 마음 상태로 그림을 보지 않는다면 아름다움을 느끼지 못할 것이다. 그렇지만 그런 경우는 구보 씨의 책임이 아니다. 구보 씨는 작품 자체를 아름답게 만드는 데 최선을 다하면 된다. '순수한 형식이 이루어 내는 아름다움을 그림에 담으리라.' 구보 씨는 캔버스 앞에 앉았다. '분쟁의 소지가 있는 종교적 교훈을 담은 그림은 그리지 말자. 상처를 들추어내는 역사적 사건을 기록하는 그림은 그리지 말자. 사람들이 싫어하는 권력자의 초상은 그리지 말자. 감상자의 마음 상태를 어지럽게 만들 수 있다. 순수한 형식만 그리자.' 흰 캔버스에 검은색 선을 격자무늬로 그렸다. 격자무늬 사이의 사각형들에 빨강, 노랑, 파랑

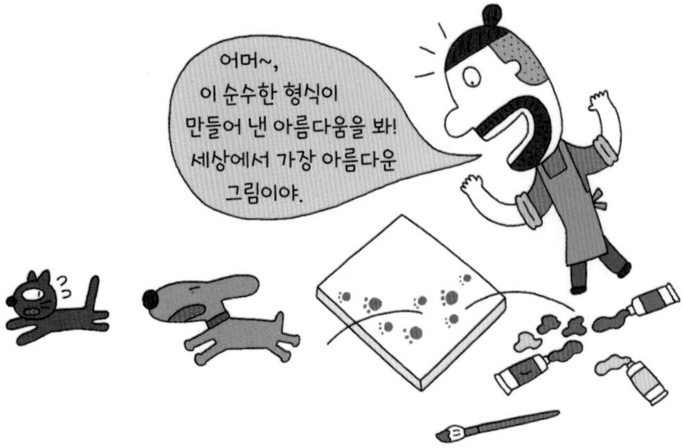


등의 색을 몇 칸씩 건너뛰며 칠했다. 선과 색이 아름다운 형식을 만들어 냈다. 구보 씨는 자신의 작품에 만족하며 '몬드리안을 위한 구성'이라는 제목을 붙였다.

20세기의 몇몇 미술비평가들은 형식을 중시하는 구보 씨와 같은 화가들에 주목했다. 그중 가장 대표적인 비평가로 미국의 클레멘트 그린버그Clement Greenberg를 들 수 있다. 그는 구보 씨와 같은 화가들이 그림의 고유한 형식을 어떻게 개발해 나갔는지를 살펴보았다.

그림의 고유한 형식은 무엇일까? 선과 색. 아니다. 조각도 선과 색을 지니고 있다. 사각형. 아니다. 영화도 사각형이다. 그린버그가 주목한 그림의 고유한 형식은 바로 평면성이다.

그런데 고대부터 르네상스를 거쳐 신고전주의에 이르기까지 모방론 시대의 그림은 2차원의 형식을 숨기려 했다. 당시 그림의 목표는 3차원의 세상을 잘 담아내는 것이었기 때문이다. 따라서 원근법을 이용해 2차원의 화면을 3차원인 것처럼 왜곡했다. 가능한 한 3차원인 것처럼 보이게 해 세상을 실제 그대로 담는 것이 그림의 목표였다.

형식론 시대에는 상황이 달라졌다. 그림은 2차원이라는 자신의 형식을 당당히 드러냈다. 3차원의 세상을 담아내기 위해 그림이 자신의 2차원을 왜곡하거나 포기할 필요가 없게 되었다. 오히려 3차원의 세상이 그림 속으로 들어오려면 그림의 2차원에 맞추어 변형되어야 한다. 집의 모서리 면이 집의 앞면과 더불어 그림의 평면에 나란히 펼쳐진다. 길쭉한 말의 사지가 그림 속으로 들어오면 납작하게 뻗는다. 정육면체의 주사위가 그림 속으로 들어오면 오징어포처럼 평면으로 분해되어 펼쳐진다. 여인의 앞모습과 뒷모습이 그림의 평면 위에 동시에 펼쳐진다.

그린버그는 이러한 평면성의 강화가 인상주의에서 시작해 후기 인상주의를 거쳐 큐비즘Cubism에서 정점을 이룬 뒤 추상표현주의와 색채 추상을 통해 새로운 방향으로 발전해 나갔다고 보았다. 이러한 과정을 통해 그림 속에서 3차원적 형체는 점차 사라지고 추상적 형식이 자리 잡게 되었다.

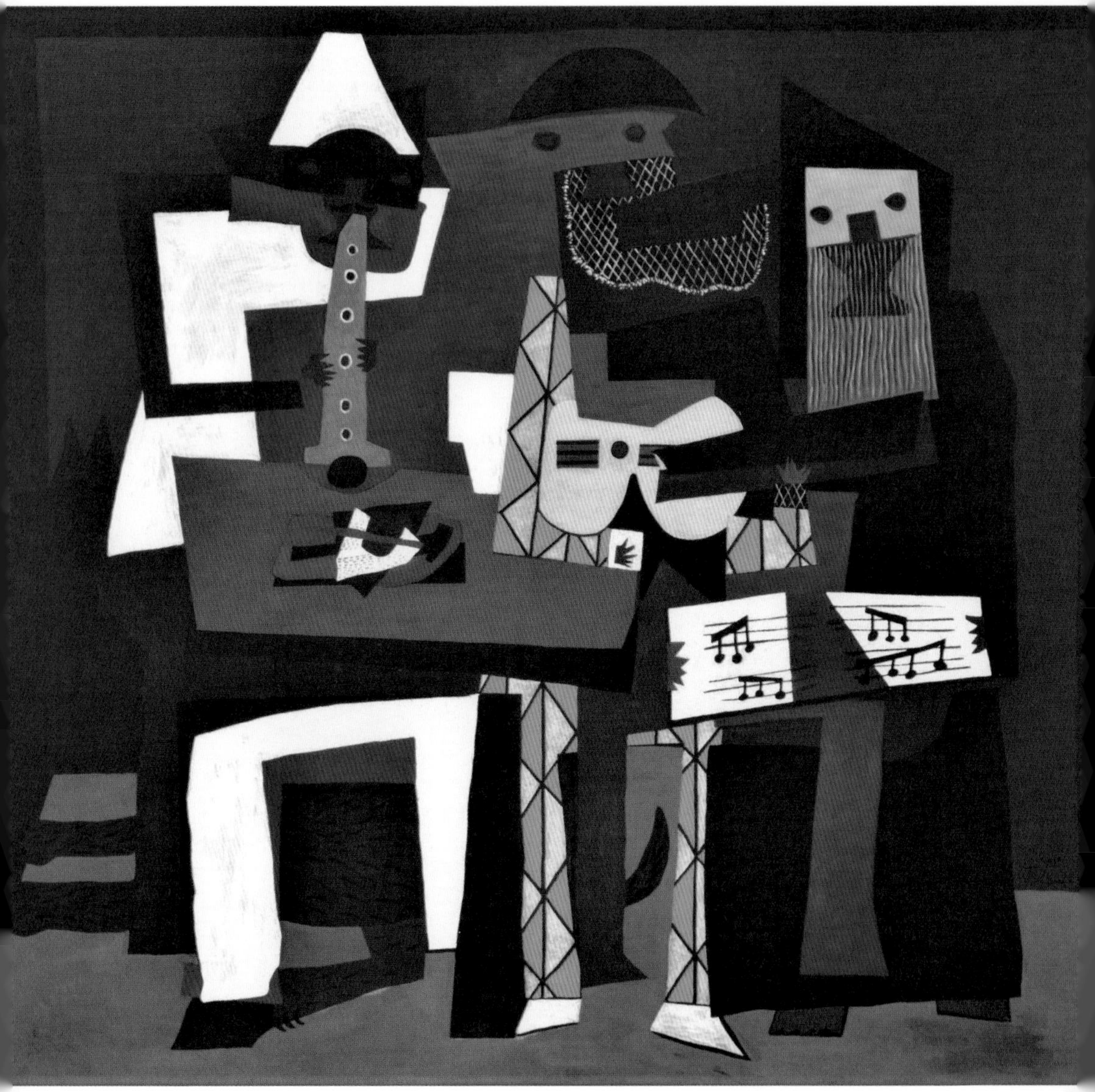

## 5. 예술, 스스로 반짝이는 거울

지금까지 살펴본 것처럼 형식론은 예술 작품을 예술로 만드는 본질을 외부 세상에 대한 모방이나 작가의 감정에 대한 표현에서 찾지 않는다. 예술의 본질은 예술 바깥이 아닌 예술 안에서 찾아야 한다.

예술 안에 있는 본질은 바로 작품을 구성하고 있는 순수한 형식이다. 그 순수한 형식을 통해 우리는 아름다운 감정을 느낀다. 특정 인물의 초상, 특정 사건의 재현, 특정 감정의 표현 등은 우리 마음의 무관심성 상태를 어지럽혀 도리어 우리가 아름다움을 느끼지 못하게 만든다. 외부 세상에 대한 모방이나 작가 내부의 감정에 대한 표현을 배제한 순수한 형식만이 우리가 아름다움을 느낄 수 있게 만든다. 예술은 스스로의 형식을 가꾸는 데 전념해야 한다. 그림은 선과 색의 향연, 음악은 음들의 상승과 소멸, 문학은 언어적 광휘를 통해 스스로의 거울을 잘 갈고닦아 예술로 굳건히 자리잡아야 한다. 예술은 다른 무엇을 비추는 거울이 아니라 스스로 반짝이는 거울인 것이다.

피카소, 〈세 뮤지션〉, 1921년.

# 칸트와 상담하세요

독일의 철학자 칸트는 매우 규칙적이고 엄격한 사람으로 알려져 있습니다. 마을 사람들이 그의 산책 시간에 맞추어 시간을 파악했다는 일화가 전해질 정도지요. 그렇지만 익살스럽고 엉뚱한 구석도 많았습니다. 고민이 있다면 칸트와 상담하세요.

Q. 감기에 걸려 코가 막혔을 때는 어떻게 해야 할까요?

A. 숨을 꾹 참고 얼굴에 힘을 잔뜩 주어 얼굴 쪽으로 피를 쭉 모으면 막힌 코가 시원하게 뚫립니다.

Q. 우리 아이가 너무 많이 먹어요. 도와주세요.

A. 음, 이렇게 가르치세요. 태초부터 모든 인간에게는 살아가는 동안 먹을 수 있는 음식의 양이 정해져 있느니라. 너희가 일정한 기간 동안 음식을 너무 많이 섭취한다면 그만큼 먹을 수 있는 시간이 줄어들게 되고, 따라서 오래 살지 못하게 되느니라.

Q. 우리 아이는 지독한 잠꾸러기예요.

A. 침대는 수많은 질병의 온상입니다. 음식의 경우와 같은 방식으로 말해 주세요. 모든 인간에게는 태어날 때부터 잠잘 수 있는 시간의 양이 일정하게 주어져 있다고 말이에요.

Q. 딱히 근심거리도 없는데 괜스레 마음이 불안해요. 어떻게 하면 마음이 강해질까요?

A. 일하다가 쉬고, 도시에서 살다가 시골에서도 살아 보고, 남들과 대화하거나 놀이도 하고, 혼자서 이야기책을 읽다가 시집을 보기도 하고, 또 철학을 연구하고 나서 수학을 공부하는 등, 삶의 방식에 변화를 줌으로써 우리의 마음을 강하게 만들 수 있어요.

Q. 우리 아이가 공부를 안 해요. 학교에서도 학원에서도 공부는 뒷전이고 엉뚱한 일에만 관심이 있어요.

A. 인간성 속에는 여러 가지 소질의 싹이 들어 있어요. 이러한 자연적 소질들을 균형 있게 계발시켜 인간성을 잠재 상태에서 깨어나게 하고, 인간으로 하여금 자신의 사명에 도달하게 만드는 것이 우리 인간의 과제입니다.

Q. 우리 아이를 예술가로 키우고 싶어요. 예술적 심성을 키우는 데 무엇이 가장 중요할까요?

A. 오성悟性(감성 및 이성과 구별되는 지성의 능력)과 자유로운 상상의 놀이가 중요합니다. 판에 박힌 사유는 피해야 해요. 그렇다고 허무맹랑한 상상에 탐닉해서도 안 됩니다. 그럴듯한 상상력의 배양, 이것이 모든 예술교육의 기초예요.

Q. 저는 정치가가 되려고 합니다. 조언을 부탁드립니다.

A. 법은 결코 정치와 타협해서는 안 됩니다. 그러나 정치는 늘 법에 순응해야 합니다.

Q. 우리 집은 종교 갈등이 심해요. 종교 때문에 가족끼리 마음 상하는 일이 자주 있어요.

A. 인간을 어둡게 만드는 종교는 잘못된 거예요. 인간은 즐거운 마음으로 신을 섬겨야지, 누군가가 강요한다는 이유로 신을 섬겨서는 안 돼요.

Q. 실례되는 질문이라는 것은 알지만 궁금해서요. 왜 결혼을 안 하세요?

A. 으음, 여자는 결혼을 통해 자유로워지지만 남자는 자유를 잃게

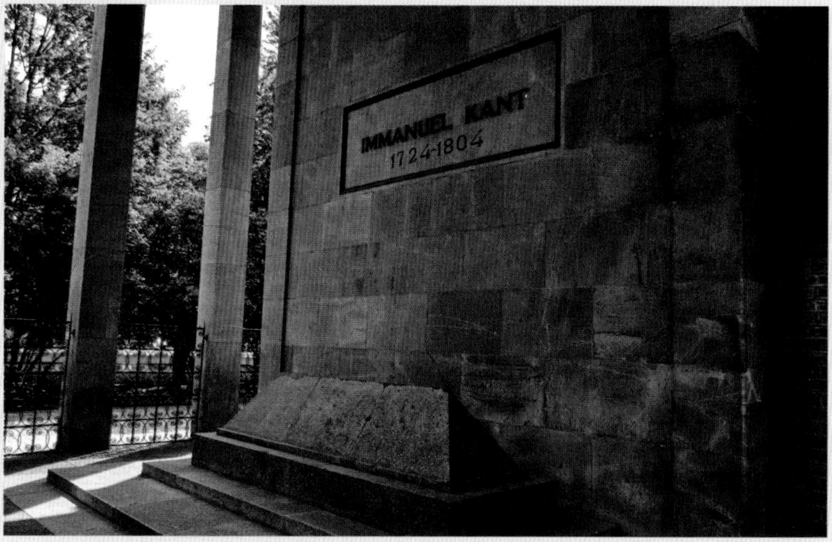


쾨니히스베르크로 불리던 러시아 칼리닌그라드에 있는 칸트의 무덤.

됩니다. 기혼 남성들의 얼굴은 굴레를 쓴 듯하고 일찍부터 늙는 것처럼 보입니다. 이것이 수명의 단축을 가져오지 않을까요?

*칸트의 상담 내용은 임마누엘 칸트 지음, 손동현·김수배 옮김, 『별이 총총한 하늘 아래 약동하는 자유』(이학사, 2002년)를 참고해 구성했다.

# 제 4 장

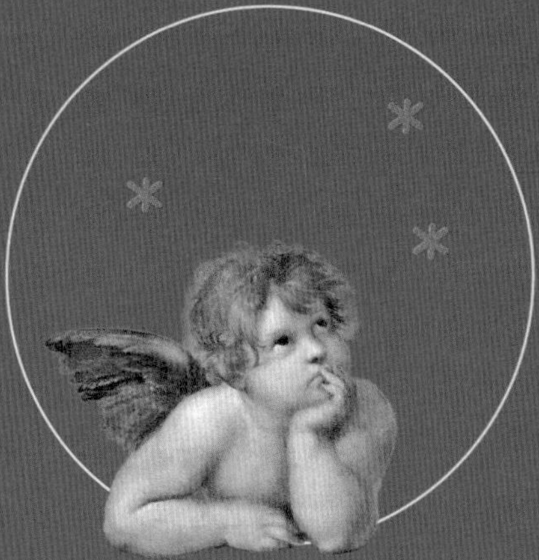

# 변기의 미술관 나들이

## 예술 정의 불가론

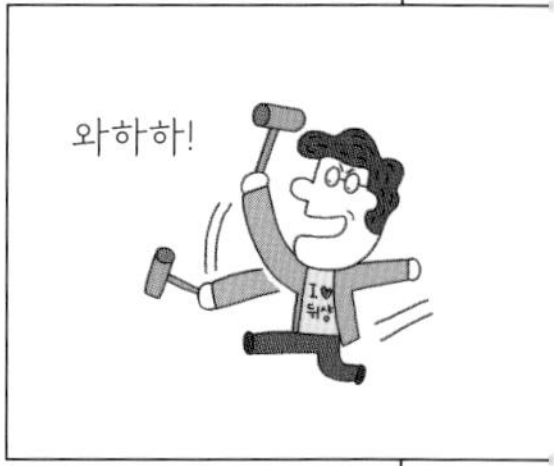


## 1. 뒤집어 본 변기

1917년 어느 날 오후, 뉴욕의 한 거리. 프랑스 출신의 화가 마르셀 뒤샹Marcel Duchamp● 은 친구들과 즐겁게 점심을 먹은 뒤 철공소에 가서 소변기를 하나 샀다. 그리고 스튜디오에 돌아와 소변기의 위아래를 뒤집어 왼쪽 아래에 'R. Mutt'라는 글자와 '1917'이라는 숫자를 검은색으로 큼지막하게 적었다.

당시 뉴욕에서는 진취적인 경향의 대규모 전시회가 열릴 예정이었다. 뒤샹은 전시회의 조직 위원회 위원 중 한 명이었다. 모든

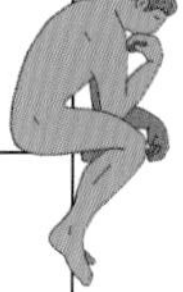

● 〈샘〉의 일화에서도 알 수 있듯 뒤샹은 고집이 매우 센 예술가였다. 뒤샹은 체스에 열광적이었던 것으로도 유명한데, 1922년 무렵 한 친구와 예술가로서의 활동을 걸고 내기 체스를 두었다가 지자 아무런 미련 없이 공식적인 작품 활동을 접고 체스 선수로만 활약했다고 한다. 약속을 지키기 위해 '공식적인' 예술 창작과 전시 활동을 그만두긴 했지만, 뒤샹이 실제로 예술가로서의 작업을 끝냈던 것은 아니다. 그의 유작들이 그것을 증명한다.

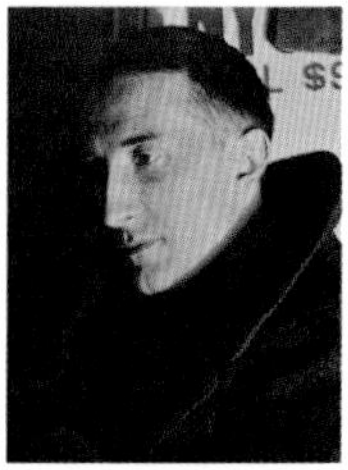

작품은 참가비만 내면 전시할 수 있었다. "심사도 없고 시상도 없다."라는 것이 이 전시회의 슬로건이었다. 공모 2주일 만에 600명이 응모했다. 뒤샹은 참가비 6달러를 넣은 봉투와 함께 '샘Fountain'이라는 제목을 붙인 소변기를 주최 측에 우송했다. 봉투에는 R. Mutt라는 가명을 적어 두었다.

작품을 받은 조직 위원회는 당황했다. 위원들 사이에 논쟁이 벌어졌다.

"이 작품은 절대 전시할 수 없습니다."

"전시를 거부할 수는 없어요. 참가비를 이미 냈잖아요."

"그래도 이건 너무 상스러워요."

"그야 관점에 따라 다른 것 아니겠어요?"

"우리를 희롱하려고 보낸 게 틀림없어요. R. Mutt라는 이름도 뭔가 수상쩍어요."

"한번 만져 보세요. 느낌이 부드러워요. 쓰임새에 구애받지 않는 사랑스러운 형태가 드러나잖아요. 미학적 공헌이 큰 작품이에요."

"그럼 댁에 가져가서 실컷 감상하세요. 여기서는 절대 전시할 수 없습니다."

"이번 전시회는 작가가 선택한 것은 무엇이든 전시할 수 있는 기회를 주기 위해 마련된 것입니다. 무엇이 예술이 되는지를 결정할 수 있는 것은 작가 자신이지 다른 사람이 아니에요."

논란의 대상이 되었던 뒤샹의 〈샘〉, 1917년.

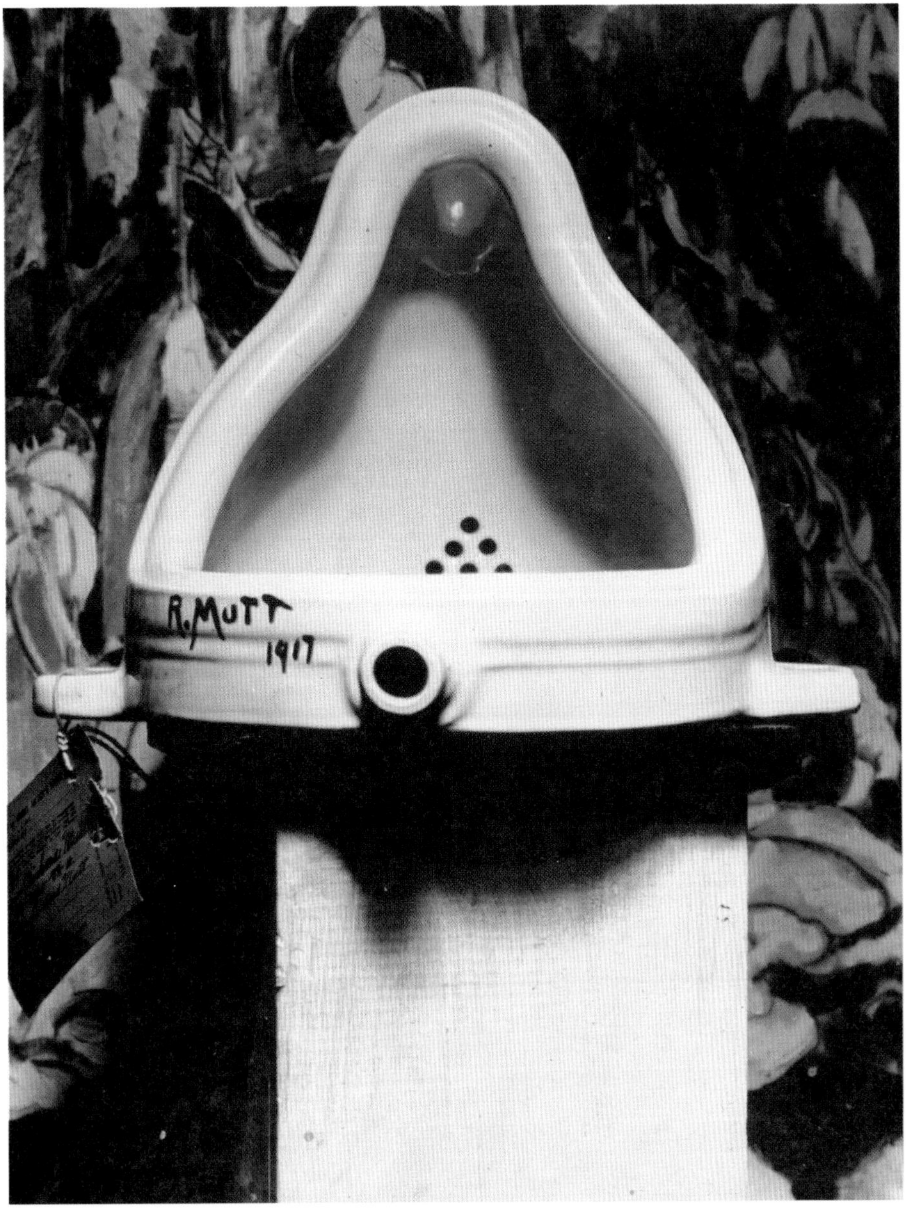
R.MUTT
1917

"그렇다면 어떤 사람이 말똥을 으깨 바른 캔버스를 보내도 우리는 그것을 전시해야겠네요."

논쟁 끝에 결국 위원회는 뒤샹의 〈샘〉을 전시할 수 없다고 결정했고, 화가 난 뒤샹은 조직 위원회 위원직을 사임했다. 작품의 원본은 곧 사라졌지만 뒤샹의 친구였던 저명한 사진작가 알프레드 스티글리츠Alfred Stieglitz가 이 작품을 사진으로 남겼다. 그로부터 50여 년이 흐른 뒤 사진에 근거하여 〈샘〉이 복제되었다. 뒤샹이 이 복제품을 인정하자, 세계 유수의 미술관에서는 앞다투어 이 복제품을 전시했다.

## 2. 뒤샹의 후예

미스터 구보는 파리 변두리의 작은 단칸방에 혼자 살고 있다. 그는 자칭 '행위 예술가', 타칭 '몸만 쓰는 예술가'다. 그는 늘 투철한 예술적 신념을 갖고 작업했지만, 주변의 시선은 그리 좋지 않았다. 그가 가장 존경하는 예술가는 뒤샹이다. 미스터 구보의 대표작은 〈오줌 누기〉라는 행위 예술로, 20여 년 전 햇살이 아름다운 프랑스 남쪽 소도시에서 행한 작업이다. 그때를 생각하면 그는 지금도 전율에 휩싸인다. 미스터 구보는 뒤샹의 〈샘〉이 전시되고 있다는 소식을 듣고 그곳으로 향했다. 그는 드디어 멋진 행위 예술을 실천할

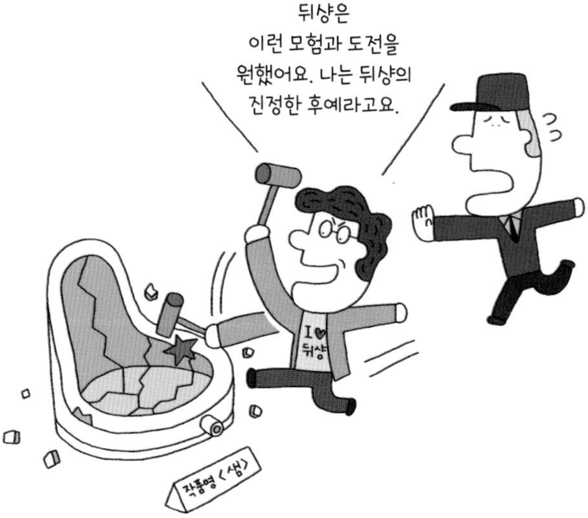


기회가 왔다는 생각에 가슴이 벅찼다. 그가 계획한 행위 예술은 바로 〈뒤샹의 〈샘〉에 오줌 누기〉였다.

전시장은 사람들로 가득 차 있었다. 미스터 구보는 조심스레 사람들 사이를 비집고 들어가 마침내 〈샘〉 앞에 섰다. 가슴이 뛰었다. 그러나 주저할 시간이 없었다. 단체 관람객 한 무리가 밀려들고 있었다. 그는 뒤샹의 〈샘〉으로 돌진해 바지춤을 풀었다. 성공이었다. 관람객들의 아우성이 귓가를 때렸다. 자신을 향해 환호하는 것처럼 들렸다.

이제 미스터 구보도 환갑이다. 별 좋은 곳에서 산들바람을 맞으며 한가로이 여생을 보내기에는 아직 아쉬울 뿐이다. 그는 작가 인생에 종지부를 찍는 마지막 행위 예술을 멋들어지게 해 보고 싶었다. 그런데 이게 웬일인가. 뒤샹의 〈샘〉이 이번에는 파리의 퐁피두 센터•에 전시된다고 한다. 절호의 기회였다. 이번에는 바지춤에 망치를 숨겼다. 미스터 구보는 이미 미술계에서 요주의 인물로 찍혔기 때문에 다른 사람들이 알아보지 못하도록 변장도 했다. 퐁피두 센터는 부산스럽고 화려했다. 미스터 구보는 이런 파리가 좋았다. 흥분이 고조되었다. 드디어 다시 마주한 뒤샹의 〈샘〉. 얼마 만인가. 〈샘〉을 향해 돌진한 그는 바지춤에서 망치를 꺼내 단숨에 휘둘렀다. 둔탁한 느낌과 함께 〈샘〉이 나동그라졌다. 관람객들의 아우성이 끝나기도 전에 경비원들이 달려와 그를 체포했다. 미스터 구보는 끌려가면서 외쳤다. "하늘에서 뒤샹이 기뻐할 겁니다. 뒤샹은 이런 모험과 도전을 원했어요. 나는 뒤샹의 진정한 후예라고요!"

그 뒤에도 뒤샹의 후예를 자처하는 이들이 드문드문 나타났다. 오늘날 뒤샹의 〈샘〉은 현대미술의 새로운 지평을 연 위대한 예술로 인정받으며 방탄유리를 설치한 영국 테이트갤러리에서 전시되고 있다.

## 3. 화장실 속 퍼즐

논쟁과 소란의 중심에 섰던 뒤샹의 〈샘〉은 예술에 대한 형식론적 답변에도 혼란을 가져왔다. 형식론은 아름다운 느낌을 불러일으키는 순수한 형식이 예술의 공통된 성질이라고 주장해 왔다. 뒤샹의 〈샘〉은 이러한 형식론의 주장에 의문을 던져 주었다.

뒤샹의 〈샘〉은 '다다이즘Dadaism'●●이라는 사조로 불리며 오늘날 위대한 예술로 인정받고 있지만, 아름다운 느낌을 불러일으키는 순수한 형식을 지녔다고 보기는 힘들다. 그렇다면 아름다운 느낌을 불러일으키는 순수한 형식이 예술의 공통된 성질이라는 형식

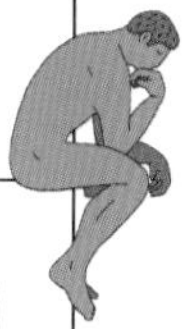

● 정식 명칭은 국립 조르주 퐁피두 예술문화센터다. 도서관과 현대미술관, 음악 센터 등으로 구성되어 있으며, 이탈리아의 렌초 피아노Renzo Piano와 영국의 리처드 로저스Richard Rogers가 설계했다. 공장 같은 대담한 이미지와 내부를 자유롭게 변경할 수 있도록 한 파격적인 설계로 충격을 주었다. 거대한 철골 트러스 속에 여러 시설을 위한 공간을 마련했으며, 형형색색으로 칠한 설비 배관을 외벽에 배치했다. 전위적이고 대담한 예술 전시를 통해 현대 예술의 메카 중 하나로 자리 잡았으며, 주변 거리에서도 크고 작은 공연이 펼쳐진다.

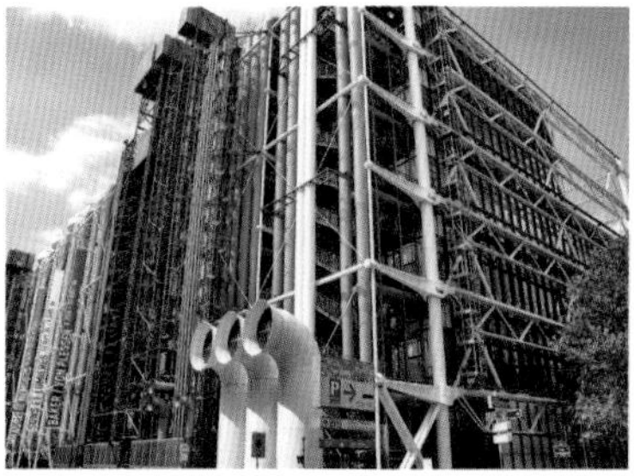

●● 1916년부터 1930년대 초까지 지속된 아방가르드적 예술 경향이다. 이 경향을 대변하는 예술가들은 제1차 세계대전을 겪으면서, 인류가 추구해 온 이성 중심적인 사고와 과학의 발전이 도리어 인류에게 재앙을 몰고 왔음을 성토했다. 그리고 기존의 예술 또한 이성 및 과학과 맥락을 같이한다는 점에서 비판받아 마땅하다고 주장했다. 이들은 스위스 취리히의 카페 볼테르에 모여 기존의 예술 관례를 파괴하는 전위적인 예술 활동을 펼쳤으며, 차츰 뉴욕과 베를린, 파리로 활동 영역을 넓혔다. 대표적인 예술가로는 뒤샹, 휴고 발Hugo Ball, 앙드레 브르통Andre Breton, 존 하트필드John Heartfield 등이 있다.

론의 주장은 잘못된 것이 아닐까?

이러한 비판에 대해 형식론에서도 나름의 답변을 찾을 수 있다. 뒤샹의 〈샘〉도 자세히 보면 아름다운 느낌을 불러일으키는 순수한 형식을 갖추고 있다는 것이다. 앞에서 본 논쟁에서도 "쓰임새에 구애받지 않는 사랑스러운 형태가 드러나잖아요. 미학적 공헌이 큰 작품이에요."라고 주장한 사람이 있었다. 이런 시각에서 볼 때 뒤샹의 〈샘〉은 아름다운 순수한 형식을 강조하는 형식론을 무너뜨리는 예가 될 수 없다.

그렇지만 이런 형식론의 답변을 받아들인다고 해도 또 다른 문제가 발생한다. 뒤샹의 〈샘〉이 아름다운 순수한 형식을 갖춘 예술 작품이라고 하자. 그렇다면 같은 철공소에 있던 다른 소변기들은 어떤가? 그곳에서 팔던 다른 소변기들도 아름다운 순수한 형식을 갖추었으니 예술 작품인가? 최근에는 '아름다운 화장실'을 선정하는 시상 제도가 생겼는가 하면, 특별한 디자인과 장식이 돋보이는 화장실도 늘어나는 추세다. 그 안에 설치된 소변기들도 아름다운 형식을 뽐낸다. 아름다운 화장실에 있는, 아름다운 형식을 갖춘 소변기는 예술 작품일까?

이 물음에 그렇다고 대답하는 것은 상식에 어긋난다. 미술관에 전시된 뒤샹의 〈샘〉은 예술 작품이지만 화장실의 소변기는 예술 작품이 아니라는 것이 상식이다. 그런데 형식론은 이러한 상식적 답변을 내놓을 수 없다. 형식론에서는 뒤샹의 〈샘〉이 예술이라면 그와 같은 모양인 화장실의 소변기도 예술이어야 한다. 형식론은 어떤 대상을 예술로 만드는 성질은 바로 그 대상이 갖추고 있는 형식이라고 주장하기 때문에, 형식론에 따르면 같은 형식을 가진 뒤샹의 〈샘〉과 화장실의 소변기는 예술인가 아닌가를 놓고 같은 판정을 받아야 한다. 그런데 이러한 형식론적 판정은 상식에 어긋난다. 그렇다면 어떤 대상을 예술이게 하는 성질이 '형식'이라고 주장하는 형식론은 잘못된 것이 아닐까? 예술을 예술로 존재하게 하는 성질은 '형식'이 아니라 다른 무엇이 아닐까?

## 4. 너도 올림픽

말똥과 비교되던 뒤샹의 〈샘〉은 이제 명실상부한 현대 예술의 슈퍼스타로 자리 잡았다. 그리고 수많은 뒤샹의 후예들이 그와 유사한 작품을 현대 예술의 자리에 올려놓으려 애쓰고 있다. 이러한 상황에서 아름다운 느낌을 주는 순수한 형식을 강조하는 형식론은 영향력을 잃게 되었다. 추상예술을 설명하기 위해 등장한 형식론이 새롭게 주류로 떠오른 뒤샹류의 예술과 엇물리는 상황이 발생한 것이다. 이러한 상황을 어떻게 해결할 것인가?

역사의 흐름에 비추어 본 해결 방법은, 새롭게 주류로 떠오른 뒤샹류의 예술을 설명하는 새로운 예술 이론을 개발하는 것이다. 앞서 살펴보았듯이 그리스 예술이나 르네상스 예술 같은 고전주의 예술 현상과 모방론의 화합은 새로운 예술 현상인 낭만주의 예술의 등장과 더불어 무너지기 시작했고, 결국 낭만주의 예술에 화답하기 위해 모방론은 표현론으로 대체되었다. 낭만주의 예술과 표현론의 화합은 새로운 예술 현상인 추상예술의 등장으로 흔들리기 시작했고, 추상예술에 호응하기 위해 표현론은 주류의 자리를 형식론에 양보했다. 추상예술과 형식론의 화합은 모더니즘이라는 이름으로 20세기 초반을 풍미했지만 20세기 중반부터 뒤샹의 후예들이 다양한 예술적 실험들을 감행함에 따라 이마저 흔들리게 된다. 이러한 역사적 흐름에 따르면 새로운 예술 이론이 등장해 뒤샹류의 예술을 설명할 차례다.

그런데 이러한 순리에 의문을 제기하는 이론이 등장한다. 미국의 미학자 모리스 웨이츠Morris Weitz가 주창한 이른바 '예술 정의 불가론'이 그것이다. 이 이론의 핵심은 '예술이란 무엇인가?'에 대한 답변은 불가능하다는 것이다. 예술 정의 불가론은 20세기의 대표적 철학자 루드비히 비트겐슈타인Ludwig Wittgenstein이 내놓은 '가족 유사성'이라는 개념의 영향을 받았다. 먼저 이 가족 유사성이라는 개념을 살펴본 다음, 예술 정의 불가론을 이해해 보자.

비트겐슈타인은 자신의 주저인 『철학적 탐구Philosophische Untersuchungen』에서 다음과 같은 질문을 던진다. 우리가 육상, 축구, 탁구, 펜싱, 권투 같은 개별적인 운동 종목들을 '올림픽 경기'라고 뭉뚱그려 부를 수 있는 이유는 무엇일까? 일반적인 답변 중 하나는 개별적 종목들이 공통된 본질을 지니고 있기 때문이라는 것이다. 올림픽 개막식 때 전광판에 소개되는 올림픽 강령을 이 공통된 본

평창 동계올림픽 스타디움, 2018년.

질로 볼 수도 있다.

> 올림픽 경기에서 가장 중요한 것은 승리가 아니라 참여다. 이는 인생에서 가장 중요한 것이 승리가 아니라 노력인 것과 마찬가지다. 본질적인 것은 쓰러뜨리는 일이 아니라 잘 싸우는 일이다.

갑돌이는 이 올림픽 강령에 나타난 정신이 올림픽 경기의 공통

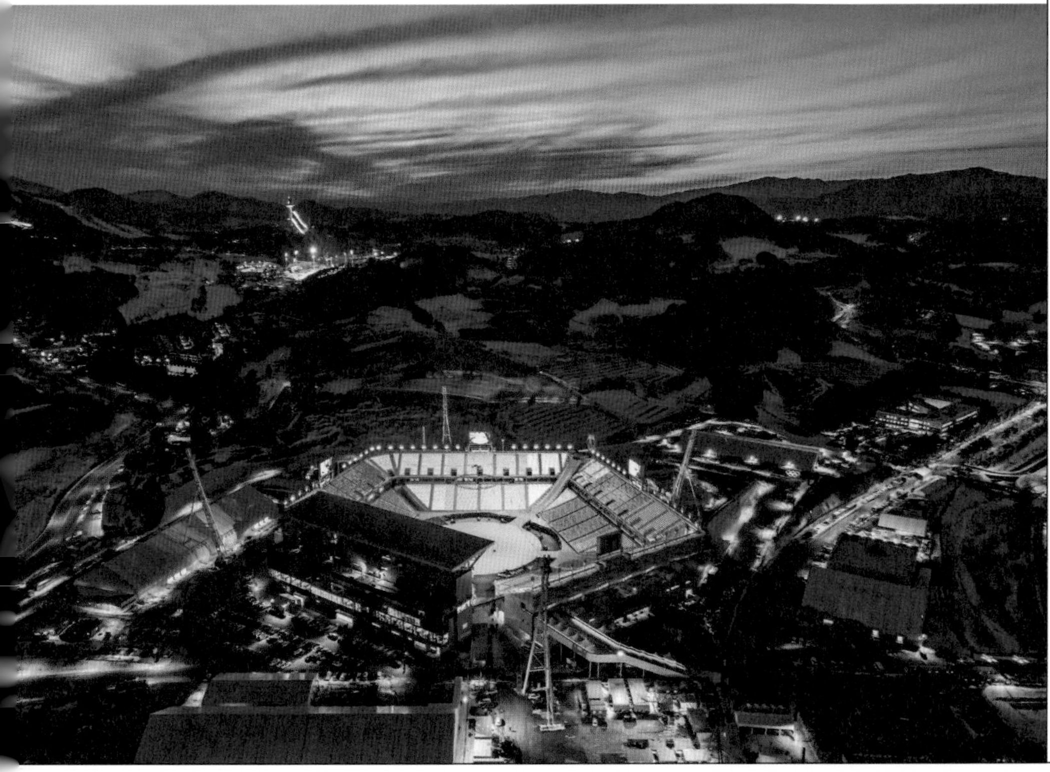

된 본질이라고 주장한다. 즉 육상, 축구, 탁구, 펜싱, 권투 등은 승리보다는 참가, 쓰러뜨리는 일보다는 잘 싸우는 일을 공통으로 지향하고 있어 올림픽 경기라고 불릴 수 있다는 것이다. 한편 을숙이는 "더 빨리, 더 높이, 더 힘차게"라는 올림픽 표어에 주목한다. 을숙이는 올림픽을 개별 종목들이 "더 빨리, 더 높이, 더 힘차게"라는 공통된 본질을 지니고 있어 올림픽 경기라고 불릴 수 있다고 주장한다.

또 다른 친구 정식이는 갑돌이와 을숙이가 언급하는 공통된 본질은 너무 추상적이라고 비판한다. 더 구체적인 공통점이 있을 수 있다. 올림픽 규정에 따르면 올림픽 경기는 최소한 3대륙 및 40개국에서 남자들이 실시하고 있는 경기, 그리고 최소한 2대륙 및 25개국에서 여자들이 실시하고 있는 경기에 한한다. 정식이는 이 규정이 올림픽의 종목들을 올림픽 경기라고 부를 수 있는 공통된 본질이라고 주장한다.

그런데 비트겐슈타인은 갑돌이, 을숙이, 정식이의 주장에 모두 반대한다. 비트겐슈타인에 따르면 그러한 공통된 본질은 없다. 올림픽의 각 종목 사이에는 오직 물고 물리는 유사성만 있을 뿐이다. 예컨대 육상과 축구 사이에는 발로 한다는 유사성이, 축구와 탁구 사이에는 공으로 한다는 유사성이, 탁구와 펜싱 사이에는 손에 든 장비를 휘두른다는 유사성이, 펜싱과 권투 사이에는 일대일로 한다는 유사성이, 권투와 육상 사이에는 다리를 걸어 넘어뜨려서는 안 된다는 유사성이 있다. 이러한 유사성은 모든 종목이 지닌 공통의 본질이 아니다. 축구와 탁구는 공을 사용하지만, 펜싱은 공을 사용하지 않는다. 탁구와 펜싱은 손에 든 장비를 휘두르지만, 축구는 손에 장비를 들고 와 휘둘러서는 안 된다. 권투와 육상은 다리 걸기를 해서는 안 되지만, 유도에서는 다리 걸기 기술을 권장한다. 올림픽의 각 종목은 공통된 본질에 의해서가 아니라 서로 간의 물고 물리는 유사성에 의해 올림픽 경기라고 불리게 된다. 비트겐슈타인은 이러한 유사성을 '가족 유사성'이라고 불렀다.

## 5. 내 마음의 해바라기

웨이츠는 올림픽 경기에 적용했던 비트겐슈타인의 '가족 유사성' 개념을 '예술'에도 적용한다. 웨이츠에 따르면 기존의 예술론은 모든 예술에 공통으로 적용되는 본질을 통해 '예술이란 무엇인가?'에 대해 답변하려고 한다. 그러나 예술이라고 하는 것이 무엇인지 실제 들여다보면 어떤 공통적 본질도 발견하지 못한다. 일련의 유사성들만이 존재할 뿐이다. 예컨대 소설은 문자적이라는 면에서 시와, 시는 선율적이라는 면에서 음악과, 음악은 조화를 추구한다는 면에서 회화와, 회화는 시각적이라는 면에서 조각과, 조각은 조형적이라는 면에서 건축과 유사성을 맺으며 이들 모두가 예술로 불린다.

예술이 이렇듯 공통적 본질을 지니지 못하는 주요한 까닭은 예

예술의 가족 유사성과 올림픽 경기의 가족 유사성

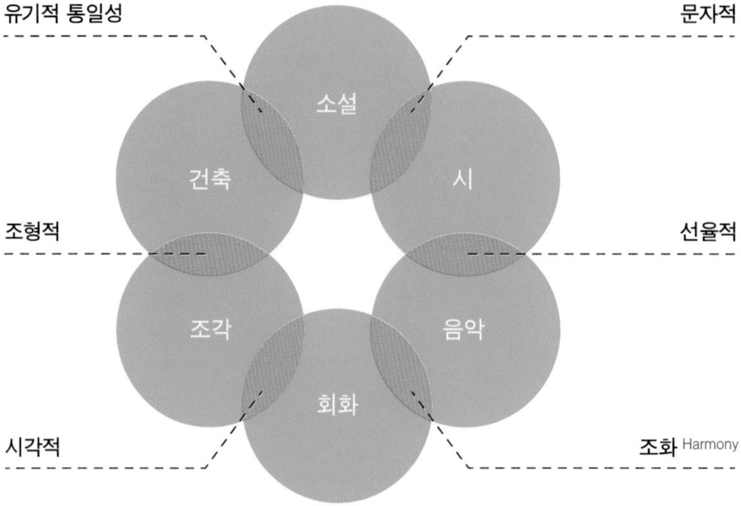


예술

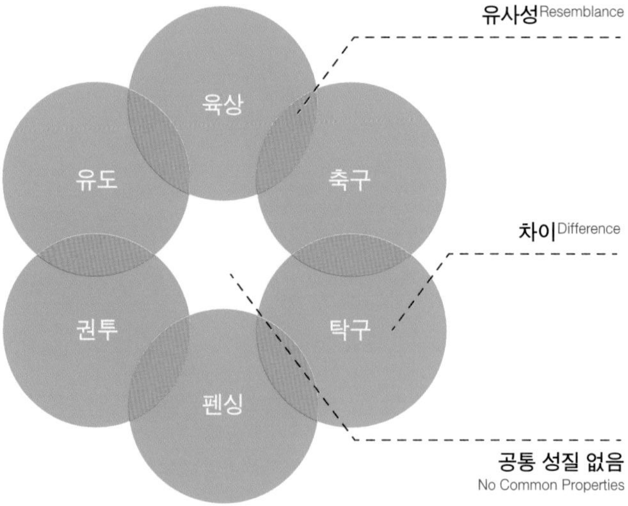


올림픽 경기

술의 팽창적이고 모험적인 특성, 즉 끊임없이 변화하고 새로운 창조를 이루어 내는 특성 때문이다. 과거에 예술의 공통된 본질로 여겨졌던 '모방', '표현', '형식' 등은 새로운 예술의 등장과 함께 더 이상 공통된 본질로 인정받지 못하고 있다. 이는 새로운 특징을 지닌 것이 끊임없이 등장하는 예술의 상황에서는 일반적인 현상이다. 예술이라는 개념은 항상 새로운 특징을 지닌 예술이 등장하는 것을 허용하는 열린 개념이다. 그러나 열려 있다고 해서 모든 것을 전부 예술로 허용하는 것은 아니다. 이미 예술로 불리는 것들과 일정 측면에서 유사한 것들만 예술로 허용한다. 웨이츠에 따르면 예술이라는 개념은 이렇듯 유사성과 개방성을 갖고 있기 때문에 어떤 공통적 본질을 통해 예술을 정의하려는 일은 열린 개념을 닫힌 개념 속에 밀어 넣으려는, 정의될 수 없는 것을 정의하려는 잘못된 시도다. 예술이란 정의가 불가능한 개념인 것이다.

오랫동안 예술에서 이론은 '예술이란 무엇인가?'라는 질문에 대한 답을 찾았다. 그런데 이러한 시도가 잘못된 시도라면 예술에서 이론이 할 수 있는 역할은 무엇인가? 지금까지 살펴본 모방론, 표현론, 형식론 등은 잘못된 시도이니 이들 이론은 폐기 처분해야 할까?

웨이츠는 여기서 새로운 전환을 시도한다. 먼저 아래와 같은 상황을 떠올려 보자.

연수는 학교에 와서도 슬픈 기분이 가시지 않았다. 가만히 있어도 가슴이 아렸다. 어젯밤에 아끼던 강아지가 그만 죽고 말았다. 학교에서 돌아오면 누구보다 연수를 반기던 강아지였다. 강아지와 함께 뒹굴고 산책하던 시간이 머리를 떠나지 않았다. 아직 어린 연수지만, 산다는 것이 덧없이 느껴졌다.

어느덧 3교시가 되었다. 정물화를 그리는 미술 시간이었다. 교탁 위에 놓인 화병에는 큼직한 해바라기가 꽂혀 있었다. 연수는 순간 당혹스러웠다. '저 많은 꽃잎을 어떻게 그리지? 꽃씨는 왜 저리도 많은 걸까?' 꼼꼼하지 못한 연수로서는 그리기 어려운 대상이었다. 설상가상으로 기분까지 잔뜩 우울해서 해바라기가 제대로 눈에 들어오지도 않았다. '저 해바라기를 잘 모방해 그려야 좋은 평가를 받을 수 있는데……'

연수는 먼저 연필로 스케치를 시작했다. 간신히 스케치를 마친

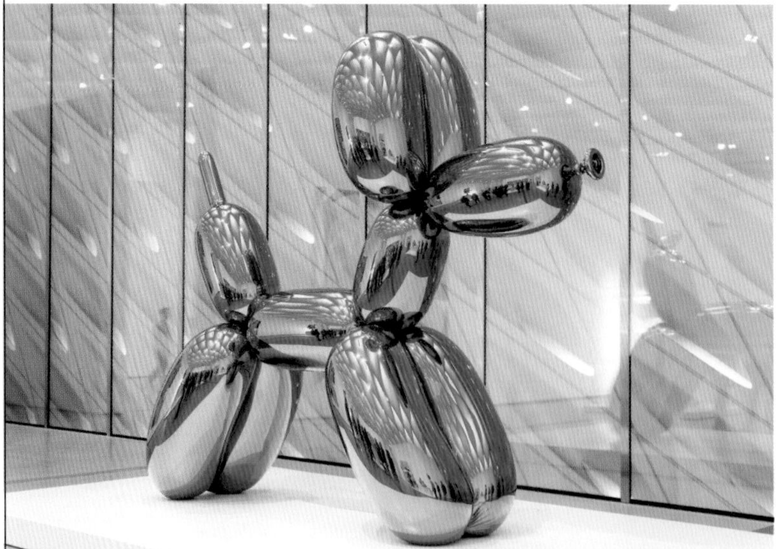

제프 쿤스, 〈풍선 개〉, 1994~2000년.

다음, 팔레트에 색색의 물감을 짜고 붓으로 칠을 해 나갔다. 뜻대로 잘 되지 않았다. 이마에 땀이 송골송골 맺혔다. 손바닥에도 땀이 배었다. 이마를 훔치랴, 손바닥을 닦으랴, 정신이 없었다. 순간 설움이 북받쳐 올랐다. 연수는 눈물을 흘리기 시작했다. 선생님이 놀라서 까닭을 물었다. 연수가 망설이다가 자초지종을 말씀드렸더니 선생님은 슬며시 미소를 지은 후, 화집을 꺼내 펼치셨다. 화집에는 정물화가 많이 실려 있었다. 선생님은 그중 그림 두 점을 보여 주셨다. 하나는 잘 모르는 작가의 포도 정물화였고, 다른 하나는 고흐의 유명한 〈열두 송이 해바라기〉였다. 포도 그림 속 포도알들은 동글동글 포동포동 먹음직스러운 실물처럼 보였다. 반면 고흐의 작품에 그려진 해바라기는 평소 보아 온 모습과 달랐다. 화난 듯 보이기도 하고 침울해 보이기도 했다. 연수는 고흐의 그림이 마음에 들었다. '지금의 내 마음 같아.'

연수의 표정이 밝아진 것을 눈치챈 선생님은 또 다른 정물화를 보여 주셨다. 그림 아래에 '페르낭 레제Fernand Léger, 〈정물Still Life〉'이라고 적혀 있었다. 바구니에 담긴 과일을 그린 듯한데, 추상적으로 그려 정확히 파악하기 어려운 작품이었다. 그렇지만 색과 형태의 어울림이 무척 매력적이었다. 선생님은 연수의 어깨를 두드리며 말했다. "교탁 위의 해바라기와 닮지 않은 해바라기를 그려도 괜찮아. 네 마음을 닮은 해바라기를 그려도 돼. 네 머리 안에 있는 해바라기를 그려도 좋겠지. 네가 생각하기에 가장 예쁜 해바라기를 그려도 좋고." 밝은 표정으로 자리로 돌아가 앉은 연수는 자기가 그리고 싶은 해바라기를 열심히 그리기 시작했다.

연수의 이야기를 떠올리면서, 웨이츠가 시도한 새로운 전환에 대해 들어 보자. 줄거리는 다음과 같다. 예술은 다양한 모습으로 끊임없이 새로워진다. 그러므로 모방론, 표현론, 형식론 등 특정한 이론에 맞추어 예술을 재단하려는 것은 다양한 모습으로 끊임없이 새로워지는 예술을 질식시키는 일이다. 그렇다고 해서 이런 이론들이 무익한 것은 아니다. 이 이론들은 예술이 지닐 수 있는 다양

발타자르, <과일 과구니가 있는 정물>, 1622년.
고흐, <사과, 배, 레몬, 포도가 있는 정물>, 1887년.
몬드리안, <생강 단지가 있는 정물 2>, 1911년.

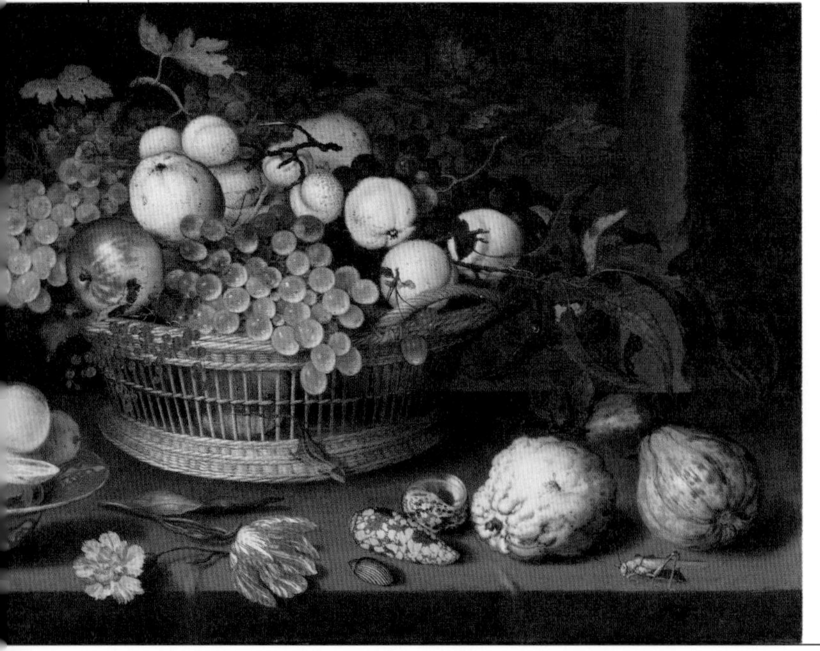

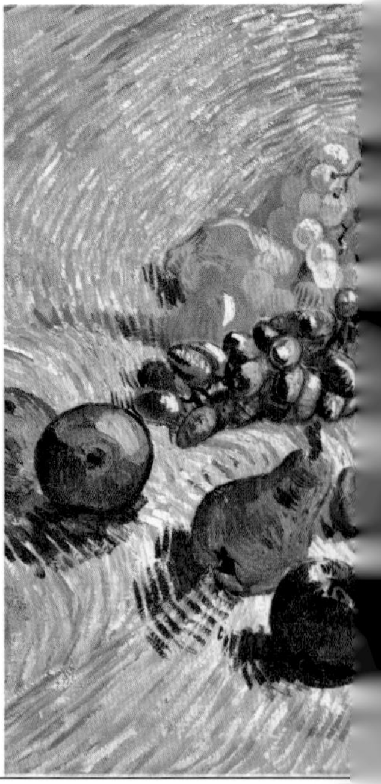

한 특징 가운데 특정한 성질에 주목하게 해 준다. 예를 들어 형식론은 모방적 요소나 표현적 요소가 중시되었던 당대의 회화 풍조에 조형적 형식에 대한 새로운 시각을 던져 주었다는 점에서 가치 있다. 형식론이 이전의 모방론이나 표현론에서 간과하거나 왜곡했던 조형적 측면을 강조함으로써 새로운 추상미술을 정당화하고, 이를 통해 기존의 예술에 창의성과 풍요성을 불어넣은 것이다.

그러므로 모방론, 표현론, 형식론 등의 이론은 모든 예술을 설명할 수 있는 이론이 아니라 예술의 여러 적합한 성질들 중 하나를 언급하는 이론으로 이해하는 것이 바람직하다. 이럴 때 이들 이론은 넓게는 예술이 지닐 수 있는 다양한 특징에 대해, 좁게는 한 작

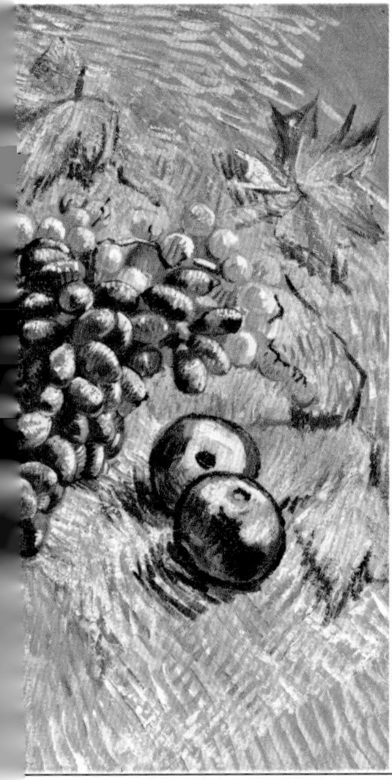

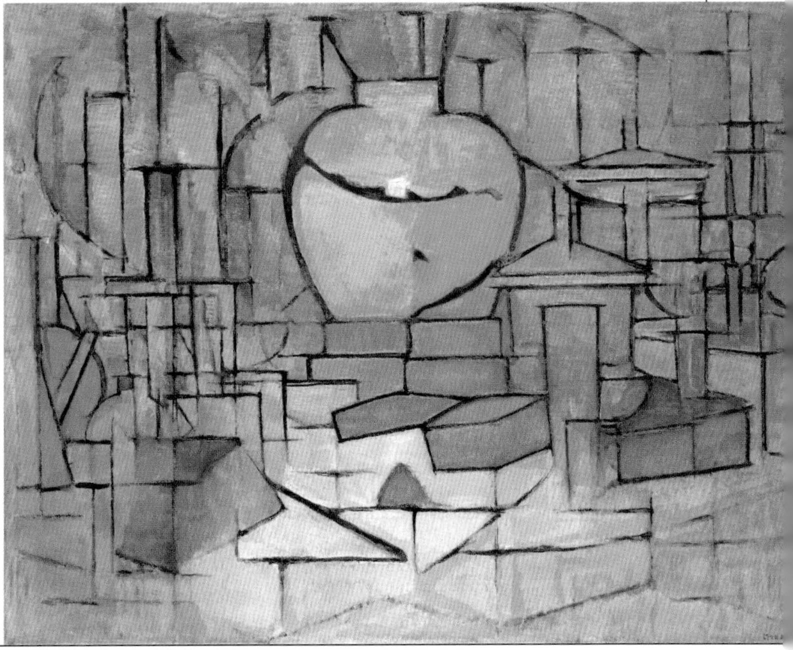

품이 지닐 수 있는 다양한 특징에 대해 조망하게 함으로써 예술에 대한 획일적 접근에서 벗어나 풍부한 접근을 할 수 있는 길을 열어 준다.

웨이츠는 예술 이론들을 벼랑 끝까지 몰아세운 뒤, 다시 태어나게 했다. 이는 문화적 통과의례의 전형적인 방법이자 세상의 이치이기도 하지 않을까?

# 비트겐슈타인과 가족

철학자 비트겐슈타인은 1889년 빈에서 5남 3녀 중 막내로 태어났다. 그의 집은 엄청나게 부유했으며, 브람스, 구스타프 말러Gustav Mahler, 구스타프 클림트Gustav Klimt 등 많은 예술가와 지식인이 드나들었다. 비트겐슈타인 가문은 예술, 특히 음악을 사랑했다. 비트겐슈타인의 넷째 형 파울Paul Wittgenstein은 유명한 피아니스트였다. 파울이 제1차 세계대전에 참전했다가 오른팔을 잃자, 모리스 라벨Maurice J. Ravel은 그를 위해 〈왼손을 위한 피아노 협주곡Piano Concerto for the Left Hand in D Major〉을 작곡했다. 비트겐슈타인도 음악적 재능이 뛰어나 위대한 작곡가들의 교향곡을 휘파람으로 연주했다는 조금은 허풍스러운 이야기가 전해진다.

그러나 비트겐슈타인 가문에도 어두운 그림자가 있었다. 형제들의 우울증이 그것이다. 결벽증이 우울증으로, 마침내는 자살로 이어지곤 했다. 비트겐슈타인의 형 네 명 중에서 세 명이 자살했다.

비트겐슈타인은 대학에서 당시 유망했던 항공공학을 전공했다. 그러다 점차 수리철학과 논리철학에 관심을 가져 1911년 케임브리지대학교에서 버트런드 러셀Bertrand A. W. Russell의 가르침을 받게 된다. 2년 뒤 아버지가 세상을 떠나자 그는 막대한 유산을 물려받았는데, 그중 일부를 라이너 마리아 릴케Rainer Maria Rilke를 비롯한 예술가들에게 기부하고는 노르웨이 해변의 외딴집으로 떠났다. 비트겐슈타인은 그곳에서 철학적 고민들과 열정적으로 씨름하며, 이후 출판될 『논리 철학 논고Tractatus Logico-Philosophicus』의 기틀을 마련했다.

제1차 세계대전이 발발하자 비트겐슈타인은 오스트리아-헝가리 제국의 병사로 참전했다. 그는 무공을 쌓아 훈장을 받고 장교로 진급했지만 이탈리아에서 포로로 잡히고 말았다. 전쟁 중에도 그는 논리 철학적 문제와 계속 싸워 나갔다.

포로 생활에서 풀려난 비트겐슈타인은 1922년 『논리 철학 논고』를 출판했다. 그는 이 책의 출판으로 철학의 핵심 문제가 해결되었다고 보았다. 지붕 위에 올라섰으니 사다리는 치워도 괜찮다고 생각한 것이다. 비트겐슈타인은 철학을 그만두고 오스트리아 시골의 초등학교 교사로 부임해 아이들을 열심히 가르쳤다. 그리고 어린이를 위한 독일어 사전도 편찬했다. 그러나 그의 지나친 열정은 학부모, 학생들과 갈등을 빚었고, 결국 그는 교사직을 그만두고 빈으로 돌아왔다. 그는 수도원 정원사 일도 하고, 누이 집 건축설계사 일도 하면서 지냈다. 그가 설계한 누이의 집은 나중에 관광 명소가 되었다.

예전에 달성한 자신의 철학적 해결책에 회의가 생긴 비트겐슈타인은 1929년 다시 케임브리지로 돌아간다. 훗날 저명한 경제학자가 된 존 메이너드 케인스John Maynard Keynes는 "신이 돌아온다."며 그를 마중했다. 비트겐슈타인은 『논리 철학 논고』를 제출해 박사 학위를 받고, 강사와 연구원으로 재직하다가 1939년 케임브리지대학교 철학 교수로 임명되었다. 그러나 1947년 교수직을 사임하고 다시 외딴곳에서 인생 후반기의 역작 『철학적 탐구Philosophische Untersuchungen』 집필에 전념했다. 원고를 거의 완성하고 기진맥진한 비트겐슈타인은 1949년 암 선고를 받았고, 1951년 사망했다. 평생 독신이었다.

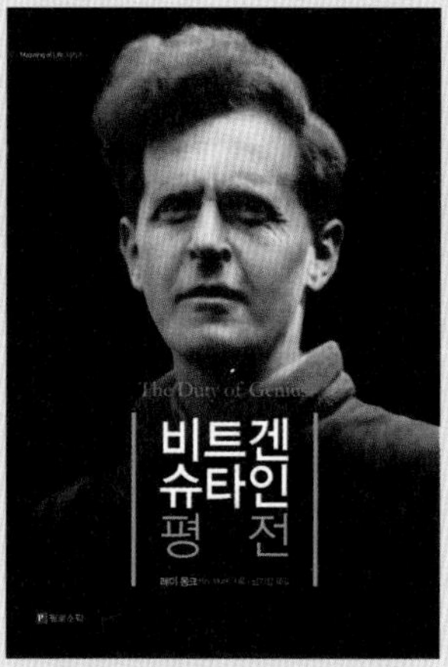

레이 몽크, 『비트겐슈타인 평전』, 필로소픽, 2019년.

"멋진 삶을 살았다고 친구들에게 전해 주시오."

그의 유언이다.

"사람들은 계속 비틀거리고 넘어지고 비틀거리고 넘어진다. 할 수 있는 유일한 일은 계속 스스로 일어나서 노력해 나아가는 것이다. 적어도 이것이 일생 동안 내가 해야 했던 일이다."

그가 자신의 삶을 회고하며 한 말이다.

# 제 5 장

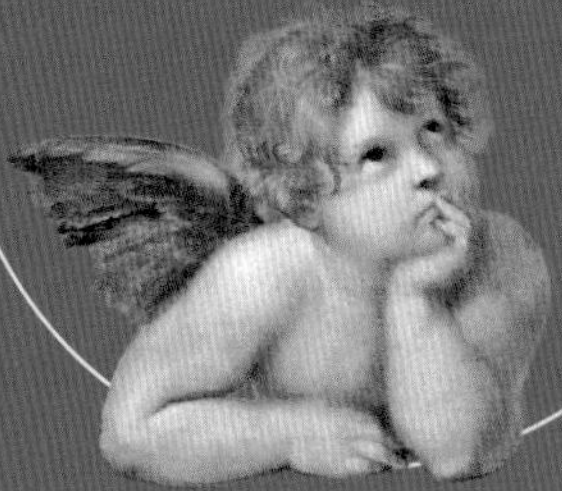

# 경축! 예술,
# 자격을 수여받다

제도론

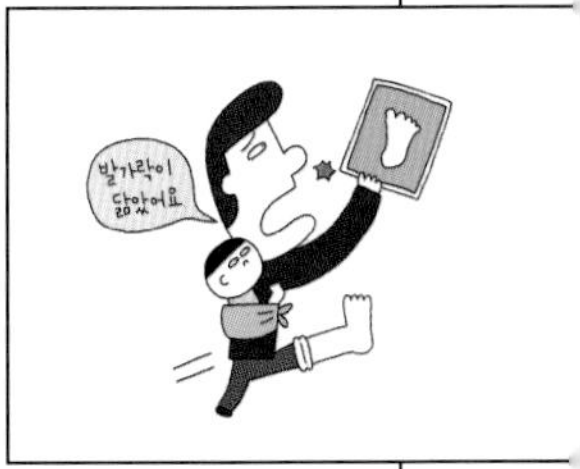


## 1. 발가락이 닮았네

김동인●의 소설 「발가락이 닮았다」를 조금 각색해서 정리하면 다음과 같은 내용이다. 주인공 M은 결혼 전 방탕한 생활로 병을 앓아 생식능력을 잃었다. 적어도 M은 그렇게 알고 있다. 그런데 결혼한 뒤에 아내가 아이를 가졌다. 고민하던 M은 의사 친구에게 진찰을 받아 보려고 했다. 혹시 자신에게 생식능력이 있지 않을까 하는 기대가 생겼다. 하지만 그는 망설이다 포기했다. 그런 기대마저 무너진다면 더 막막하지 않을까 걱정됐기 때문이다. 이러저러한 고민을 하는 사이에 시간이 흘러 M의 아내는 아들을 낳았다. 그로부터 다시 반년이 지났다. 아이가 아파서 M은 아이를 데리고 의사 친구

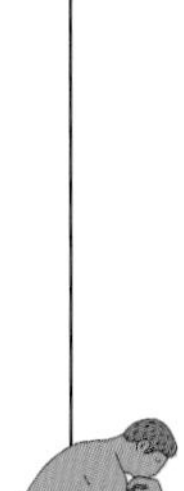

● 한국 근대문학의 선구자로 꼽히는 소설가다. 이광수의 계몽적 교훈주의에서 벗어나 순수문학과 예술지상주의를 지향했으며, 현대적인 문체로 문장의 혁신을 보여 주었다. 단편소설 「감자」, 「배따라기」, 「광화사」, 장편소설 『운현궁의 봄』 등의 작품을 썼다.

를 찾아갔다. 아이는 기관지 치료를 받았다. M은 자신의 상황을 알고 있는 의사 친구에게 어색하게 말을 붙인다. 둘의 대화가 이어진다.

"이놈이 꼭 제 증조부님을 닮았다거든."

"그래?"

"게다가 날 닮은 데도 있어."

"어디?"

"발가락! 내 발은 다른 사람과 달리 가운뎃발가락이 길어. 쉽지 않은 발가락이야."

"……"

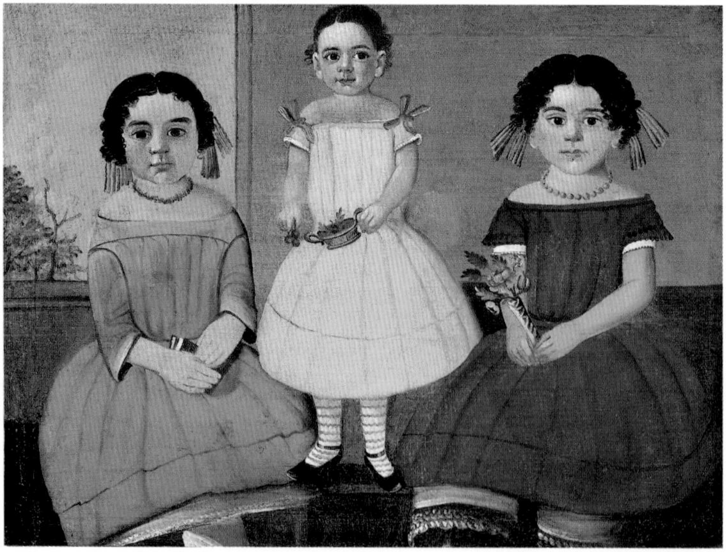

윌리엄 매튜, <코플랜드 가족의 세 자매>, 1854년.

"한데 이놈의 발가락을 보게. 꼭 내 발가락 아닌가. 닮았거든……."

## 2. 예술 백작

발가락에서라도 자신과의 유사성을 찾으려고 하는 M의 노력이 애절하다. 그러나 애절함은 애절함일 뿐, 발가락이 닮았다는 사실만으로 M이 아내가 낳은 아이를 가족으로 받아들이기는 힘들 것이다. M이 그 아이를 가족으로 받아들이기 위해서는 유사성 말고도 더 중요한 요소가 있어야 하지 않을까? 아버지와 아들은 발가락이 닮고, 아들과 딸은 코가 닮고, 딸과 어머니는 눈이 닮고, 어머니와 아버지는 입이 닮고 하는 식의 물고 물리는 유사성 때문에 가족이 되는 것일까? 마찬가지로 육상, 축구, 탁구, 펜싱, 권투 등의 개별적 운동 종목들을 올림픽 경기로 묶을 수 있는 이유가 종목들 간의 물고 물리는 유사성 때문일까? 소설, 시, 음악, 회화, 조각, 건축 등의 개별적 장르들을 예술로 묶을 수 있는 이유도 유사성 때문일까?

예술 정의 불가론의 바탕이 되었던 유사성에 대해 다시 생각해 보자. 먼저 올림픽 경기부터 생각해 보자. 요즘 〈리그 오브 레전드〉, 〈오버워치〉, 〈배틀그라운드〉 등등 비디오게임이 인기를 끌고 있다. 1990년대 후반 〈스타크래프트〉를 시작으로 e스포츠로 불리며 대회도 많이 열리고, 선수층도 두껍고, 프로 팀도 있다. 이 정

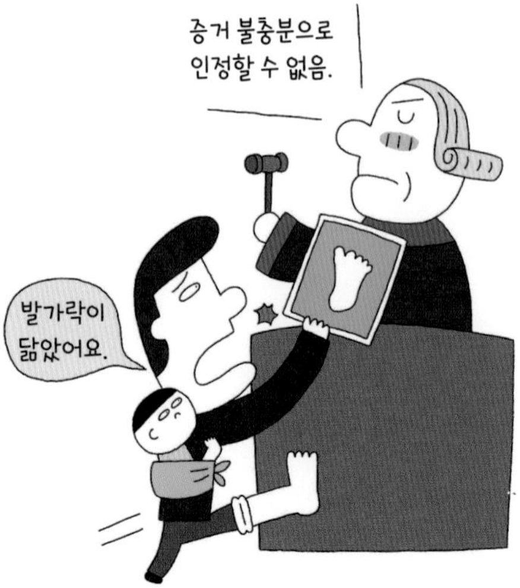


도면 축구나 야구가 부럽지 않다. 올림픽 경기에 정식 종목으로 채택해 달라고 하자. 어떤 방법이 있을까? 사격과의 유사성을 집중적으로 홍보해 올림픽 경기에 포함될 수 있도록 노력해 보자. 그러면 어디에 홍보해야 할까? 물론 세계 여론에 호소할 수도 있을 것이다. 그렇지만 너무 추상적이다. 올림픽 경기의 정식 종목을 채택하는 결정권을 가진 곳이 어디인가? 국제올림픽위원회IOC다. 그렇다면 그곳에 집중적으로 홍보해야 한다.

다음으로 가족을 생각해 보자. 친자 확인 소송이라는 것이 있다. 갑돌이가 홍길동의 자식인지 아닌지를 판별할 수 있을까? 발가락이 닮았는지 그렇지 않은지만으로는 부족하다. 유전자 감식 같은 과학적인 방법도 궁리해 보자. 그러나 어떤 방법을 택하든 최종 결정은 법원이 하게 되어 있다.

앞의 경우에서 짐작할 수 있듯이, 어떤 종목이 올림픽 경기에 포함되는지 또는 어떤 구성원이 가족이 되는지는 올림픽 경기나 가족에 관한 업무를 처리하는 사회적 제도에 따라 결정된다.

'예술이란 무엇인가?'라는 질문과 관련해 우리가 살펴볼 다섯 번째 답변은 제도론이다. 제도론은 올림픽 경기나 가족뿐만 아니라 예술도 사회적 제도와의 연관 속에서 이해해야 한다고 주장한다. 제도론의 대표적인 주창자인 미국의 미학자 조지 딕키George Dickie● 는『미학 입문Introduction to Aesthetics』에서 이렇게 말한다.

> 예술 작품이란 예술 제도를 대표하는 사람들에 의해 감상을 위한 후보라는 지위를 인정받은 인공물이다.

여기서 예술 제도를 대표하는 사람들이란 예술가, 제작자, 박물관장, 박물관 관람객, 연극 관객, 신문기자, 비평가, 예술사가, 예술 이론가, 예술철학자 등을 의미한다. 이들은 어떤 종목을 올림픽 경기로 인정할지를 결정하는 국제올림픽위원회 위원들과 비슷한 역할을 한다. 어떤 대상이 예술이 되는지 안 되는지는 예술 제도를 대표하는 사람들이 그 대상에 예술의 지위를 수여하는가에 달려 있다.

이 말의 의미를 이해하기 위해 뒤샹의 〈샘〉이 처음에 전시를

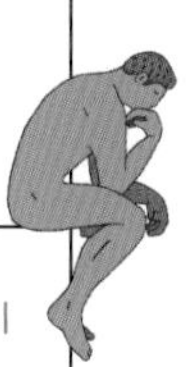

● 영미 분석철학계에서 영향력 있는 예술철학자 중 한 사람으로 꼽힌다. '예술 제도론'으로 불리는 그의 미학 이론은 많은 영향을 끼쳤다.

거부당했을 때로 돌아가 보자.

"이 작품은 절대 전시할 수 없습니다."

(……)

"이번 전시회는 작가가 선택한 것은 무엇이든 전시할 수 있는 기회를 주기 위해 마련된 것입니다. 무엇이 예술이 되는지를 결정할 수 있는 것은 작가 자신이지 다른 사람이 아니에요."

"그렇다면 어떤 사람이 말똥을 으깨 바른 캔버스를 보내도 우리는 그것을 전시해야겠네요."

뒤샹의 〈샘〉은 예술 제도를 대표하는 사람들이 전시를 허용하자는 의견보다 허용하지 말자는 의견을 더 많이 내놓은 탓에 전시되지 못했다. 그런데 논쟁이 이렇게 전개됐다면 어떨까?

"이 작품은 절대 전시할 수 없습니다."

(……)

"이번 전시회는 작가가 선택한 것은 무엇이든 전시할 수 있는 기회를 주기 위해 마련된 것입니다. 무엇이 예술이 되는지를 결정할 수 있는 것은 작가 자신이지 다른 사람이 아니에요."

"저도 전적으로 찬성해요. 더럽고 추한 것을 예술로 만들다니, 대단하지 않습니까! 그동안 예술은 너무 아름다움에 갇혀 있었어요."

"뒤집힌 소변기를 통해 현실을 뒤집어 볼 수 있습니다. 독창적인 아이디어가 소중해요."

만일 이렇게 되었다면 뒤샹의 〈샘〉은 후일을 기약할 필요도 없이 출품하자마자 바로 예술로 인정받았을 것이다. 하지만 당시에 인정받지 못했다고 해서 슬퍼할 이유는 없다. 기회는 다시 온다. 제도는 바뀌고 구성원들의 생각도 바뀐다. 시간이 지난 뒤 예술 제도를 대표하는 사람들은 〈샘〉에 많은 예술적 의미를 부여했고, 그 결과 〈샘〉은 당당히 예술로 인정받게 되었다.

예술의 역사에서는 이런 일이 종종 일어난다. 인상주의●도 처음 등장했을 때에는 뿌연 화면과 어수선한 구도 때문에 그림의 기초도 모르는 자들이라는 혹평을 받았다. 큰 전시회에 출품하면 번번이 낙방하여 화가 난 인상주의자들은 자기들끼리 따로 모여 낙선전을 열기도 했다. 당대의 예술 제도를 다소 비꼬는 듯한 인상주의 화가들의 전시회가 열리자 당대의 예술 제도를 대표하던 사람

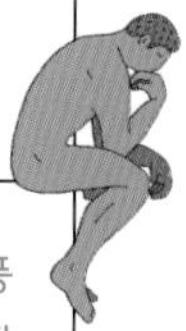

● 신고전주의의 아카데미즘Academicism에 대한 반동에서 생겨난 사조다. 1860년대 들어 과거 거장의 화풍을 모방하는 고답적인 양식에서 벗어나 사물을 눈에 보이는 대로 사실적으로 그리고자 하는 화가들이 등장했다. 그들은 번번이 살롱전에서 낙선하자, 자신들을 인정하지 않는 살롱전에 반기를 들고 자신들만의 낙선전을 열었다. 1874년에 열린 제1회 전시회를 취재하던 한 기자가 모네의 〈인상, 해돋이〉를 보고 '인상주의'라고 비꼬아 부른 것을 계기로 인상주의라는 말이 그들을 표현하는 공식 명칭으로 굳어졌다. 인상주의 화가들은 사진기의 발명에서 영감을 받아 자신의 눈에 드러난 사물의 실상, 특히 빛의 변화에 따라 변화하는 사물의 실상을 충실히 재현하는 '시각적 사실주의'를 내세웠다. 그러나 그들의 양식은 저마다 매우 달랐으며, 모네를 제외하면 시각적 사실주의에 끝까지 매달린 사람도 없었다. 대표적 화가로 모네, 오귀스트 르누아르P. Auguste Renoir, 에드가르 드가Edgar Degas 등이 있다.

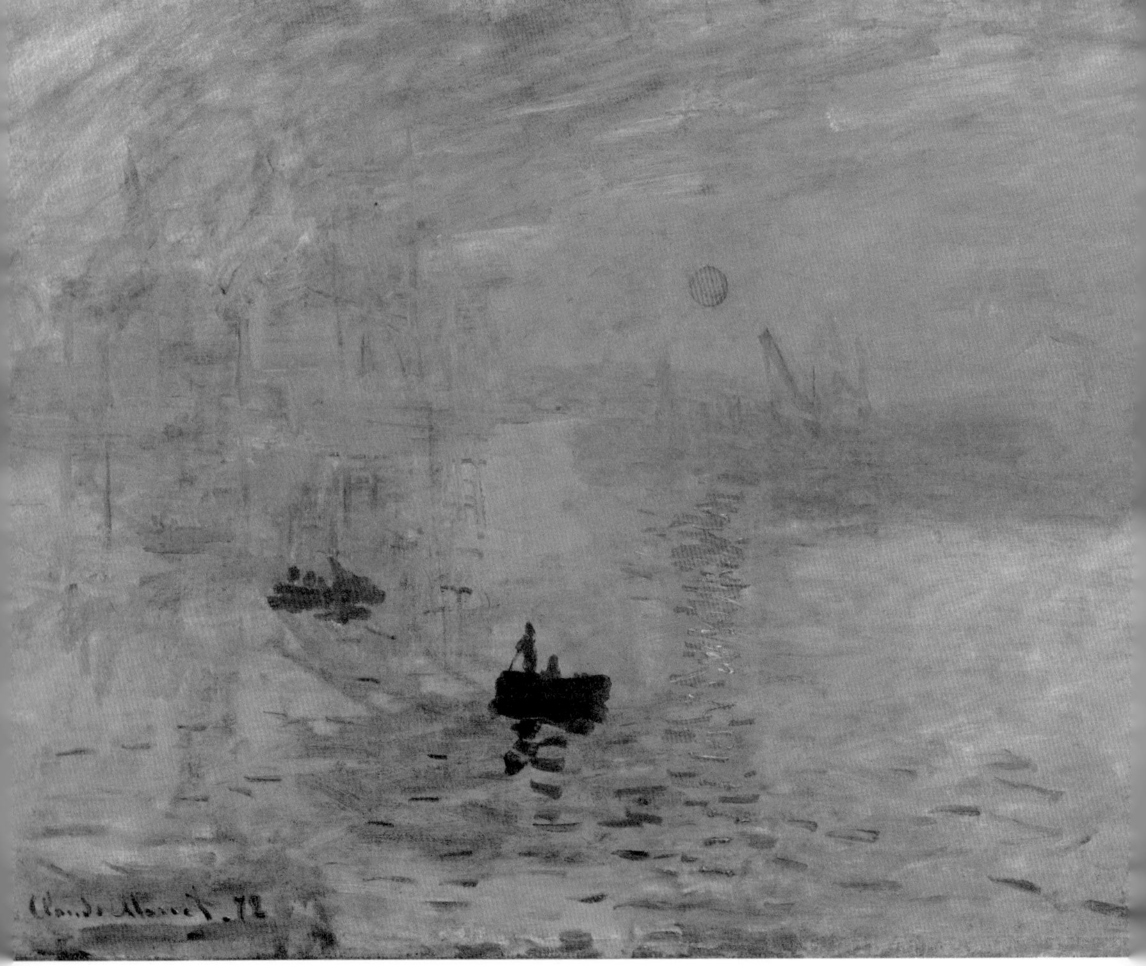

들은 재앙이 몰려온다고 입을 모았다. 그러나 미래는 인상주의자의 편이었다. 시간이 지날수록 미학자, 미술사학자, 미술비평가 등 예술 제도를 대표하는 사람들은 인상주의의 밝은 색채와 모험적 구도에 의미를 부여하기 시작했고, 마침내 인상주의는 현대 예술의 출발점으로 인정받게 되었다.

그러므로 제도론에 따르면, 비록 같은 대상일지라도 예술 제도의 인정을 받았는지의 여부에 따라 예술 작품이 될 수도 있고 일반 물품이 될 수도 있다. 이 점에서 제도론은 뒤샹의 〈샘〉이 형식론에 제기했던 문제, 즉 화장실에 있는 소변기와 뒤샹의 〈샘〉이 동일하게 생겼음에도 왜 소변기는 예술이 아니고 〈샘〉은 예술인가 하는 문제를 해결해 주었다. 제도론은 이 문제에 대해 뒤샹의 〈샘〉은 예술계를 대표하는 사람들에 의해 예술의 지위를 부여받았기 때문에 예술이며, 화장실의 소변기는 그렇지 못했기 때문에 예술이 아니라고 대답한다.

모네, <인상, 해돋이>, 1872년.

## 3. 느슨한 제도

모방론, 표현론, 형식론 등은 각각의 이론으로는 설명할 수 없는 예술이 존재하기 때문에 붕괴했다. 모방론은 낭만주의 예술로 인해, 표현론은 추상예술로 인해, 형식론은 뒤샹류의 예술로 인해 무너졌다. 그렇다면 제도론을 붕괴시킬 만한 예술에는 어떤 것이 있을까? 제도론은 예술 제도에 의해 이미 예술로 인정받은 대상이 예술이라고 주장한다. 따라서 예술 제도의 인정을 받지 못했음에도 예술인 것이 있다면 제도론 또한 붕괴될 수 있다. 그런 예술이 있는가?

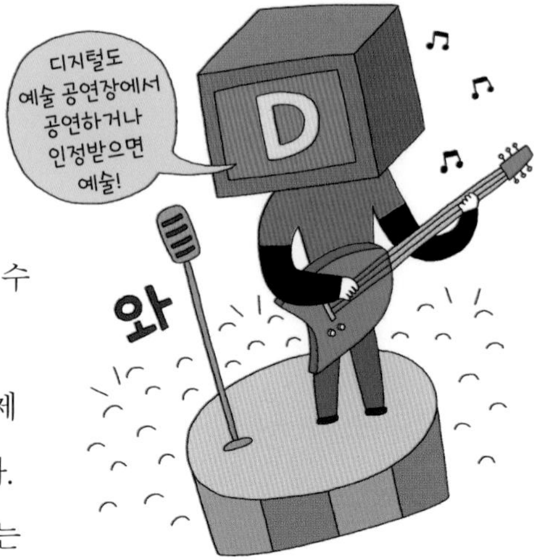


기존의 예술은 안 된다. 이미 예술 제도에 의해 인정받은 예술이기 때문이다. 첨단 예술은 어떤가? 요즈음 볼 수 있는 첨단 예술은 디지털 아트•이다. 그렇지만 첨단 예술이 제도론에 반대되는 사례가 되기는 힘들다. 디지털 아트도 예술이 되려면 예술 제도의 인정을 받을 수밖에 없기 때문이다. 놀이동산이나 게임방에 있는 디지털 장치는 아무리 아름답고 독창적인 영상과 소리를 보여 주고 들려준다고 해도 본래의 장소에만 머무르는 이상 결코 예술이 될 수 없다. 디지털 장치의 영상과 음악이 예술 공연장에서 공연되거나 예술 관계자의 인정을 받아야만 예술로 변모하는 것이다. 그렇다면 제도론을 붕괴시킬 예술은 없는 것일까? 이제 질문은 여러분에게 넘어갔다.

제도론을 붕괴시킬 수 있는 결정적 사례는 찾기 힘들지만 제도론의 결함을 지적하는 비판은 많이 등장했다. 그중 하나는 이런 의문이다. 다양성과 창의성을 바탕으로 하는 예술을 엄격하고 규정적인 법률 제도나 사회 제도에 비교할 수 있을까? 제도론은 예술 제도가 법률적 제도나 사회적 제도보다 덜 엄격하고 덜 규정적이라는 점을 인정한다. 어떤 사람을 대통령으로 인정하는 일은 엄격한 규정에 따라 공식적으로 이루어지지만 어떤 대상을 예술로 인정하는 일은 그렇지 못하다. 느슨하게 이루어질 뿐이다.

제도론은 예술의 느슨한 법칙에 대해 어떤 대상이 예술이 되는 경우는 기존 예술의 '반복'이거나 '확장'이거나 '거부' 중 하나라고 말한다.

첫 번째로 반복이란 기존 예술의 형식, 구조, 기법, 주제 등을 되풀이하는 일이다. 이를테면 이탈리아의 화가 베첼리오 티치아노Vecellio Tiziano의 〈우르비노의 비너스Venere di Urbino〉를 보자. 이 작품은 옆으로 누운 여인의 모습을 그린 누드화다. 서양 미술에는 이런 형식의 그림이 많다. 아마도 미술사에서 가장 많이 반복된 그림 중 하나가 이런 누드화일 것이다. 티치아노의 작품뿐만 아니라 조르조네Giorgione의 〈잠자는 비너스Sleeping Venus〉, 프란시스코 고야Francisco de Goya의 〈벌거벗은 마하Maja Desnuda〉(1800년), 장 오귀스트 도미니크 앵그르Jean Auguste Dominique Ingres의 〈그랑 오달리스크Grand Odalisque〉(1814년), 알렉상드르 카바넬Alexandre Cabanel의 〈비너스의

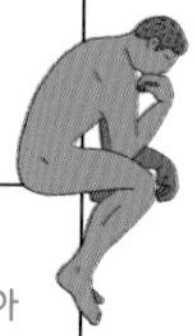

● 디지털 기술을 이용한 예술로, 상호작용형 디지털 아트, 가상현실형 디지털 아트, 인공 생명형 디지털 아트 등의 유형이 있다. 상호작용형 디지털 아트는 감상자의 반응에 따라 작품이 변한다. 가상현실형 디지털 아트는 시각, 촉각, 청각 등 우리의 감각기관을 조작해 실재하지 않는 가상의 현실을 실재하는 것처럼 예술적으로 체험하도록 한다. 인공 생명형 디지털 아트는 작품 스스로 생명력을 지니고 진화해 나가는 것으로, 미래 예술의 중심이 될 가능성이 높다.

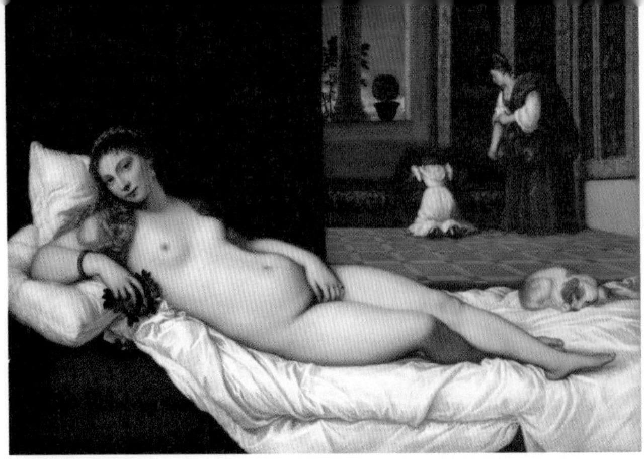

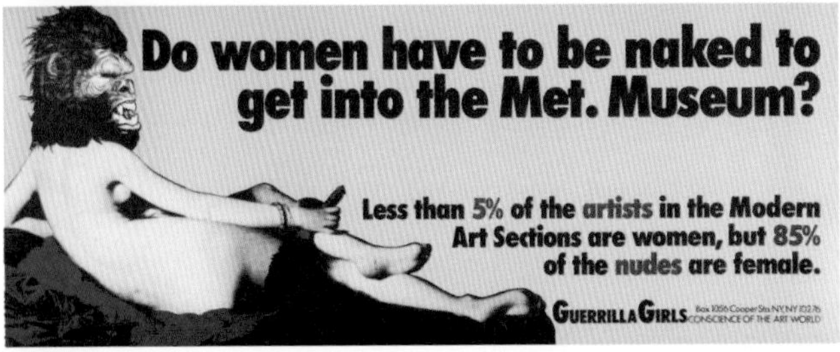


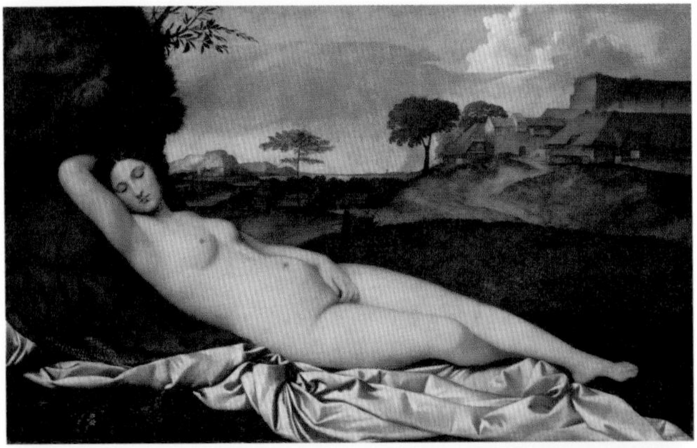

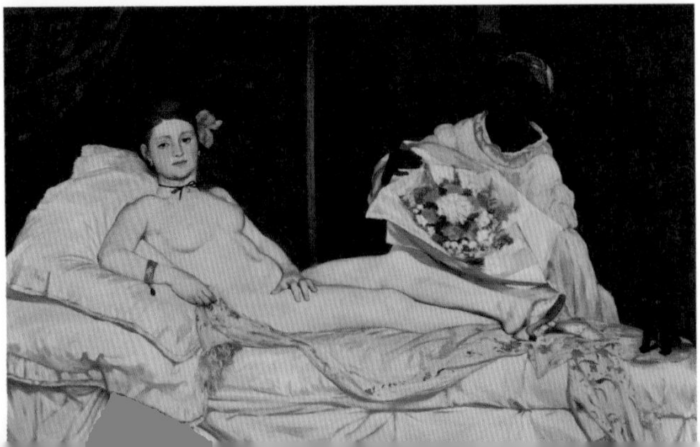

티치아노, 〈우르비노의 비너스〉, 1538년.
게릴라 걸스, 〈여성이 메트로폴리탄미술관에 들어가려면 발가벗어야 하나?〉, 1985년.
조르조네, 〈잠자는 비너스〉, 1508~1510년.
마네, 〈올랭피아〉, 1863년.

탄생La Naissance de Vénus〉(1863년), 에두아르 마네Edouard Manet의 〈올랭피아Olympia〉, 아메데오 모딜리아니Amedeo Modigliani의 〈침대 의자 위의 누드Nude Sitting on a Divan〉(1917년) 등 르네상스에서 현대에 이르기까지 옆으로 누운 여인의 누드화는 시대의 흐름과 함께 변화하며 반복되어 왔다.

두 번째로 확장이란 기존 예술과 목적은 같지만, 그 목적을 달성하는 방식을 바꾸는 일이다. 르네상스 미술은 실재를 포착한다는 목적에서 이집트 미술과 같다. 그렇지만 그 목적을 달성하는 방식은 다르다. 이집트 미술은 단편적 재현법을 채택했고, 르네상스 미술은 과학적 원근법을 채택했다. 이 경우 르네상스 미술은 이집트 미술에 대한 확장이다.

단편적 재현법은 하나의 대상을 구성하는 각각의 부분 또는 각각의 단편들을 하나의 고정된 시점이 아니라 여러 변화된 시점에서 재현한다. 이집트 고분벽화에서 드러나듯 인체라는 하나의 대상을 묘사할 때 인체를 구성하는 머리는 측면에서, 눈은 정면에서, 코는 측면에서, 배는 정면에서, 다리는 측면에서 재현한 것이다. 이집트 미술은 눈에 보이는 현상의 실재가 아닌 머리로 파악한 본질의 실재•를 포착하려고 한다.

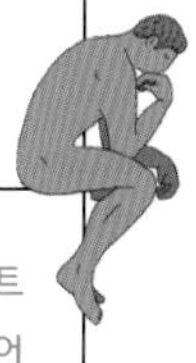

• 저명한 미술사학자 언스트 곰브리치Ernst H. J. Gombrich는 이집트 미술의 단편적 재현법을 두고 "이집트인은 눈이 아닌 머리로 그림을 그렸다."라고 예찬했다. 어떤 시점에서 그리면 배의 특징이 잘 드러날까, 어떤 시점에서 그리면 다리의 특징이 잘 드러날까, 어떤 시점에서 그리면 눈의 특징이 잘 드러날까……. 이렇게 머리를 쓰며 고민한 끝에 단편적 재현법이 탄생하게 되었다는 것이다.

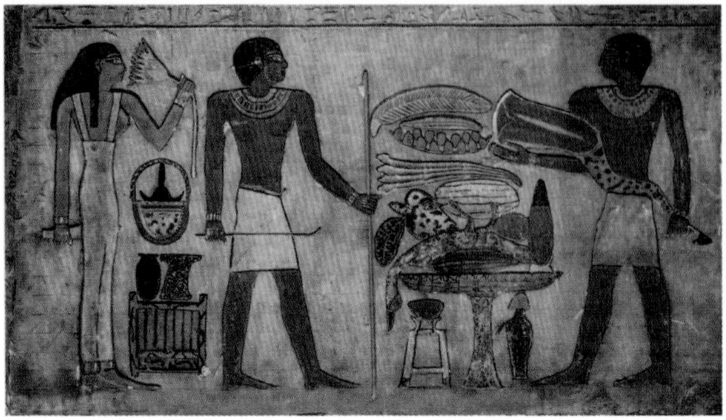

중왕국 시대 이집트 벽화, 기원전 21~18세기.
우첼로, 〈산 로마노의 전투〉, 1456년.
호베마, 〈미델하르니스의 가로수 길〉, 1689년.

과학적 원근법은 대상들 사이의 멀고 가까움을 선, 대기, 색채 등을 통해 묘사한다. 예를 들어 선 원근법은 기찻길을 그릴 때 가까운 곳에서 먼 곳으로 갈수록 선로의 간격이 줄어들게 묘사한다. 파올로 우첼로Paolo Uccello의 〈산 로마노의 전투Niccolò Mauruzi da Tolentino at the Battle of San Romano〉도 선 원근법을 쓰되 다소 과장되게 사용했다. 사람, 말, 창 등 거의 모든 대상이 선로처럼 저 먼 곳 하나의 소실점을 향해 모이는데, 선 원근법을 지나치게 의식한 나머지 그림이 어색해 보이기까지 한다. 대기 원근법은 가까운 곳에서 먼 곳으로 갈수록 뿌옇게 묘사한다. 색채 원근법은 붉은색 같은 따뜻한 색은 가깝게, 파란색 같은 차가운 색은 멀게 보인다는 원리를 이용한다. 르네상스 미술은 이러한 과학적 원근법을 발전시켜 실재를 포착하려고 했다.

마지막으로 거부는 기존 예술의 주요 형식이나 구조에 반대하는 것이다. 고전주의와 낭만주의의 대립, 사실주의와 초현실주의

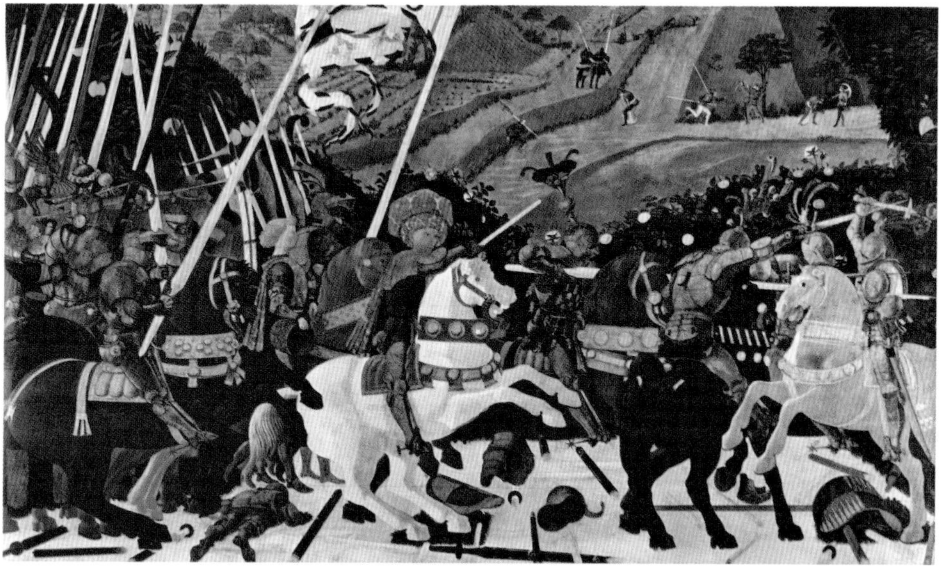

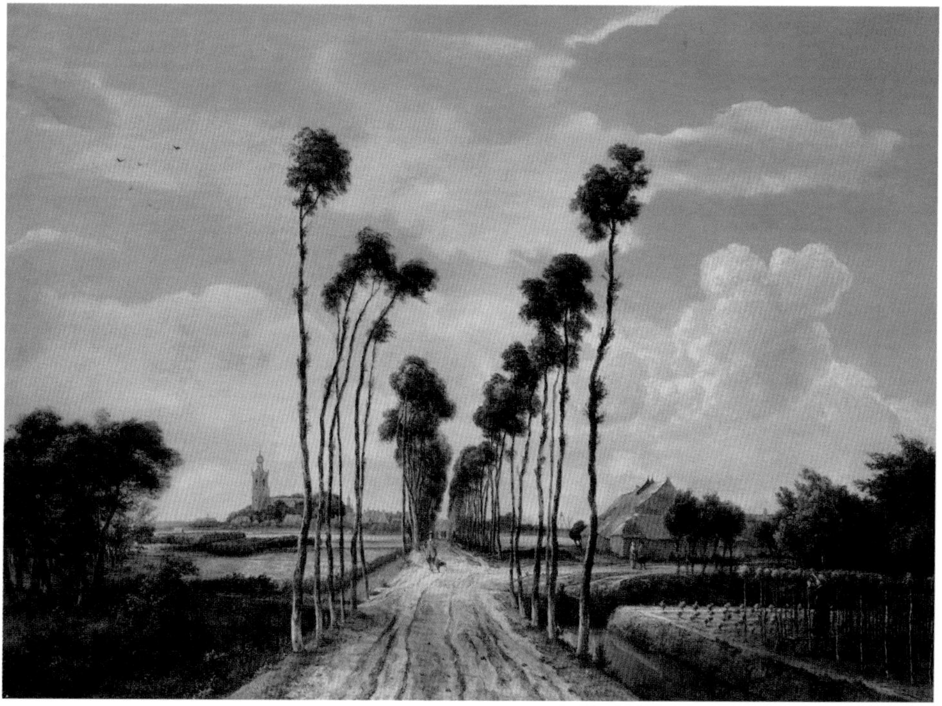

의 대립을 그 예로 들 수 있다. 확장이 점진적 변화라면 거부는 혁명적 변화다. 그렇지만 거부가 혁명적 변화라고 해서 기존 예술 전통과의 완전한 단절을 의미하지는 않는다. 어떤 혁명적인 것이든 그것이 예술로 불리기 위해서는 기존의 예술 전통과 최소한이나마 연속성을 지녀야 한다.

## 4. 낡은 둑을 넘어

제도론에 대한 또 다른 비판 중 하나는 제도론이 과거에 빠져 있어 고리타분하다는 것이다. 제도론은 기존의 예술 제도에서 인정한 예술을 수동적으로 받아들인다. 예술의 새로운 전망을 제시하지는 못한다. 새로운 전망은 예술 제도에 맡겨 둘 일이지 제도론의 일은 아니다. 따라서 '예술이란 무엇인가?'라는 문제는 지금까지 예술 제도에서 이미 인정받은 예술이 무엇이었는지를 되돌아보는 일이 된다. 그런데 우리는 새로운 예술의 등장을 늘 기대하지 않는가? 제도론은 이런 기대를 만족시키기 힘들다.

> 연수는 오늘 기분이 상했다. 화근은 최근에 산 MP3였다. 가족과 나들이를 나섰다가 차 안에서 노래를 너무 크게 듣는다고 야단을 맞았다. 아빠는 한마디 덧붙였다.
>
> "그것도 음악이라고 듣니! 꺼!"

연수는 너무 속상했다. '내가 가장 좋아하는 댄스음악인데……. 꼭 아빠가 듣는 모차르트나 쇼팽 같은 클래식 음악만 음악인가? 왜 내가 듣는 랩이나 댄스음악은 음악이 아니란 말인가?' 연수는 자신들의 고민을 불처럼 토해 내는 랩이 좋았고, 공부의 스트레스를 한 방에 날려 주는 댄스음악이 사랑스러웠다. 왜 랩과 댄스음악은 예술이 아니란 말인가? 클래식 피아노곡을 들으며 음악회에서 조는 것보다 댄스음악을 들으며 온몸이 땀에 흠뻑 젖도록 춤을 추는 것이 더 낫지 않은가?

혹시 이미 인정받고 있는 예술이 여러분이 사랑하는 예술을 구박하고 있지는 않은가? 사랑할 수 있을 때 여러분이 사랑하는 예술을 마음껏 사랑하라. 그리고 여러분의 예술이 예술임을 큰 소리로

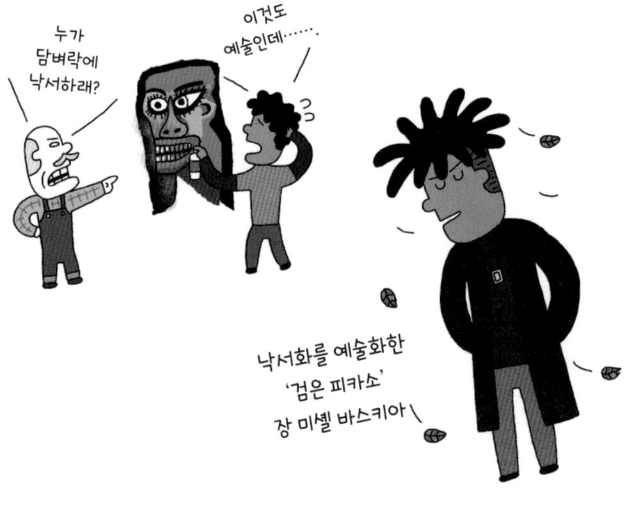

외쳐라. 그리하여 기존 예술 제도의 틀을 부수고 넓혀, 새로운 예술의 바람을 불어넣어라. 언젠가는 여러분의 예술이 그 제도에 당당히 자리 잡을 것이고, 또 언젠가는 여러분의 후배가 여러분의 예술 자리를 넘볼 것이다.

20세기 중반 이후 예술뿐만 아니라 사회 문화 전반에서 68혁명● 이 상징하는 기존 제도에 대한 격렬한 저항을 시도하게 되었다. "리얼리스트가 되자. 그러나 불가능한 꿈을 요구하자."라는 청년들의 목소리는 세상을 바꾸기 시작했다. 제도론은 이러한 격렬한 저항을 제도의 틀 속으로 수용하려 안간힘을 썼지만, 봇물 터지듯 거세게 이는 저항을 막기란 쉽지 않았다. 이렇게 제도의 둑을 두드리는 저항의 파도를 자유의 물결로 전환하려는 이론이 있었으니, 바로 다원론이다. 다음 장에서는 다원론을 살펴보자.

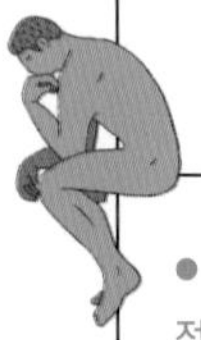

● 1968년 5월 파리에서 일어난 사회혁명이다. 학생운동에서 시작해 학생과 노동자들이 연대하면서 사회 전반으로 확대되었다. 경제적 안정 속에서 자라난 신세대가 경직되고 권위적인 구세대의 위계적 사회질서와 전통문화를 비판하고 저항하면서 시작되었다. 프랑스를 넘어 여러 나라로 확장된 68혁명은 전 지구적인 사고의 변화가 시작된 전환점이 되었다. 서구의 사고를 지배해 온 이분법을 비판하고 이 이분법에 의해 억압되어 온 사회적 약자들이 제 목소리를 낼 수 있는 기반을 마련한 '후기 구조주의'는 68혁명의 영향으로 발전했다. 이를 통해 성차별과 인종차별의 부당함에 대한 인식이 확산되었으며, 이는 문화와 예술 분야에서도 중요한 주제로 부각되었다. 68혁명은 1970년대 이후 페미니즘 예술이 활발해지고 인종차별을 문제 삼는 예술 작품이 비엔날레를 통해 대거 등장하게 된 데에도 영향을 주었다.

# 뒤샹의 역설

변기를 뒤집어 놓은 뒤샹의 〈샘〉. 이와 같은 작품을 아방가르드라고 한다. 전위부대에서 유래한 아방가르드는 기존에 받아들여지고 있는 예술적 관례의 경계선을 앞장서서 뛰어넘는 예술을 일컫는다. 즉 기존 예술 제도의 관례에 도전하는 예술이 아방가르드인 것이다. 뒤샹의 〈샘〉도 당시 예술 제도의 관례에 도전하고 있다.

당시 예술 제도의 관례란 이른바 모더니즘적인 것이었다. '예술을 위한 예술'이라는 표어로 요약되는 이 관례는 예술이 지닌 고유한 자율성을 강조하면서 예술에서 종교적·사회적·도덕적 내용들을 배제했다. 이런 움직임은 순수한 미적 형식만을 남겨 두려는 추상예술에서 정점에 이루었다.

자율성에 대한 추구로, 한편으로는 예술의 독립성이 강화되었지만 다른 한편으로는 예술이 일상적 세계에서 고립되어 엘리트화하는 현상이 나타났다. '만지지 마시오.'라고 쓰인 굵은 빨간 띠, 우아한 조명, 밀폐된 공간, 침묵. 이런 미술관에 전시된 추상미술 앞에서 일반인들이 느끼는 당혹감에는 예술과 일상적 삶 사이의 단절이 배어 있었다. 뒤샹의 〈샘〉은 이런 단절에 대한 도전이었다. 일상의 저 낮은 곳에 위치한 소변기에 예술의 지위를 부여함으로써, 뒤샹은 일상의 세계와는 분리된 고상한 그 무엇만이 예술이 될 수 있다는 모더니즘적 관례에 항변했다.

이런 도전과 항변은 당연히 반발을 불러왔다. 뒤샹의 〈샘〉은 제작된 직후 미술관에서 전시가 거부되었고 혹평을 받았다. 그러나 시간이 흐른 뒤 뒤샹의 〈샘〉은 현대 예술의 새로운 장을 연 작품으로 높이 평가받으며 미술관의 중심에 위치하게 되었다.

모더니즘적 관례에 저항하던 뒤샹의 작품이 모더니즘적 관례의 상징이라고 할 수 있는 미술관의 중심에 위치하는 역설이 발생한 것이다. 뒤샹적 역설을 되풀이하지 않기 위해 이후의 아방가르드 예술가들은 더욱더 파격적으로 기존 예술 제도의 경계를 넘어선다. 똥을 담은 통조림 깡통, 오줌으로 코팅된 예수의 초상, 피로 물든 생리대 시리즈 등. 근래의 아방가르드 예술가들은 예술 제도의 경계를 극단으로까지 밀어붙이며 기존의 관례에 저항한다.

그러나 제도적 관례가 블랙홀과 같은 힘을 유지할 때가 있다. 극단의 도전과 저항까지도 흡수해 관례에 대한 비판적 정신을 여과해 버린 뒤 독창적이면서 흥미로운 걸작으로 재포장해 낸다. 뒤샹 이후의 많은 아방가르드 예술가들도 결국은 뒤샹적 역설을 되풀이하며 현대미술의 신성한 자리에 위치한다.

뒤샹적 역설은 이제 아방가르드적 역설로 확대되며 관례화되는 경향이 있다. 그리하여 극단적인 도전과 저항이 때로는 주목을 끌기 위한, 때로는 출세를 위한 방편으로 이용되고 있다. 방편이 된 아방가르드는 문화를 이끌어 나가기보다는 문화를 일그러뜨린다. 그리고 그 일그러짐 속에 예술은 유명세의 노예가 되어 쇼크와 스캔들 사이를 유령처럼 떠돈다.

# 제 6 장

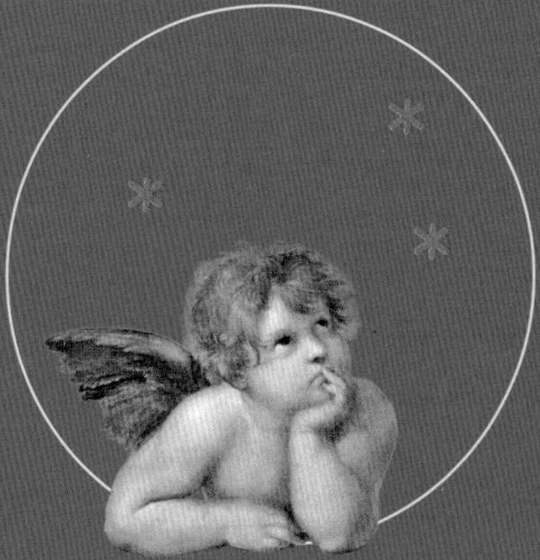

# 지배와 모욕 없는 예술

□

□

## 다원론

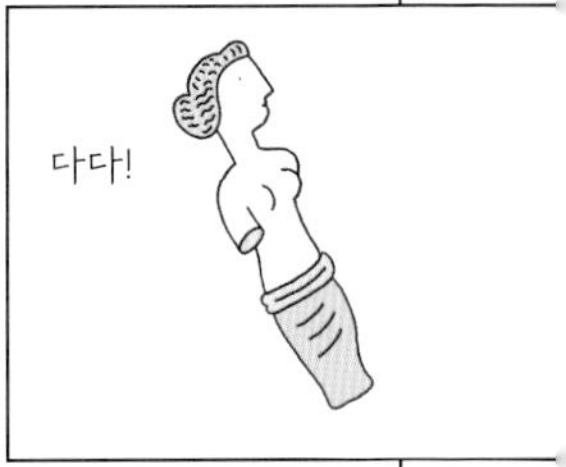


## 1. 지리산과 우주

### 이야기 하나

지리산 자락에 위치한 어느 마을. 빨치산과 군경들의 전투가 치열하던 시절, 마을 사람들은 온통 공포에 사로잡혀 있었다. 빨치산과 군경들이 수시로 들이닥쳐 마을 사람들을 닦달했기 때문이다. 가장 무서운 일은 밤에 벌어졌다. 칠흑 같은 어둠. 어느 곳에도 빛이라고는 보이지 않는다. 돌연 개 짖는 소리가 요란해진다. 어느 집 방문이 휙 열린다. 소스라치게 놀란 집주인은 두려움에 떨며 덮고 있던 이불을 움켜쥔다.

"누, 누구……?"

얼어붙은 입과 둥그레진 눈 위로 전짓불이 강하게 비친다. 카랑카랑한 목소리가 방 안에 울려 퍼진다.

"네놈은 어느 편이냐?"

집주인은 차마 입을 열지 못한다. 전짓불의 강한 빛 때문에 눈을 뜰 수가 없다. 억지로 눈을 떠 상대편을 보려고 해도 빛의 반사로 형체를 식별할 수 없다. 다시 목소리가 어둠을 가른다.

"마지막으로 묻겠다. 어느 편이냐?"

집주인은 오금이 저린다. 무슨 대답을 할 수 있을까? 남과 북, 좌와 우, 어느 편이냐에 따라 목숨이 좌우되는 시절. 집주인은 전짓불의 주인이 어느 편인지 알지 못한다. 그 무지 속에서 어느 편인지를 강요받는 집주인의 공포. 소설가 이청준은 이 공포를 '전짓불의 공포'● 라고 이름 붙였다.

### 이야기 둘

125개의 우주가 존재한다. 그리고 그 125개의 우주에는 125명의 내가 존재한다. 우주와 우주는 주기적으로 열리는 양자 터널로 연결되어 있다. 그러나 양자 터널로 이동하는 것은 금지되어 있다. 이를 위반할 때에는 지옥의 감옥으로 영원히 추방된다.

우주의 악당 율라우. 그는 다른 우주에 살고 있는 다른 자신을

우주에서 발견되는 외계 행성들, NASA.

● 이청준의 1970년대 대표작인 중편소설 「소문의 벽」에 등장하는 상징적 장치다. 이청준은 1970년대에 발표한 작품들에서 주로 정치적·사회적 메커니즘의 횡포와 그에 맞서는 인간 정신의 대결 관계를 형상화했으며, 특히 언어의 진실과 말의 자유라는 문제에 천착했다. 「소문의 벽」은 잡지사 편집장인 화자가 정신 질환에 시달리는 소설가 박준과 그의 담당 의사를 만나, 박준을 괴롭히는 공포의 근원이 한국전쟁 당시 겪었던 '전짓불의 공포'에 있음을 알게 되는 과정을 통해 정치적·사회적 메커니즘의 횡포와 그에 맞서는 인간 정신을 보여 주는 작품이다.

죽이면 죽은 다른 자신의 에너지가 자신에게 더해진다는 우주의 비밀을 알고 있다. 율라우는 양자 터널을 몰래 이용해 다른 우주에 존재하는 또 다른 자신을 하나하나 죽이기 시작한다. 율라우는 점점 더 슈퍼 율라우가 되어 간다. 율라우는 마침내 123명째 다른 자신을 죽인다. 그리고 마지막 남은 자신을 찾아 지구로 온다. 마지막 남은 자신은 지구에 살고 있는 게이브다. 그런데 게이브는 율라우만큼이나 슈퍼맨이 되어 있었다. 율라우가 다른 우주의 자신을 죽이고 얻은 에너지는 율라우뿐만 아니라 아직 살아 있는 다른 우주의 자신들에게도 나눠었다. 따라서 마지막까지 남게 된 게이브는 자신도 모르는 사이에 죽은 다른 자신들의 에너지를 율라우와 똑같이 나눠 가져

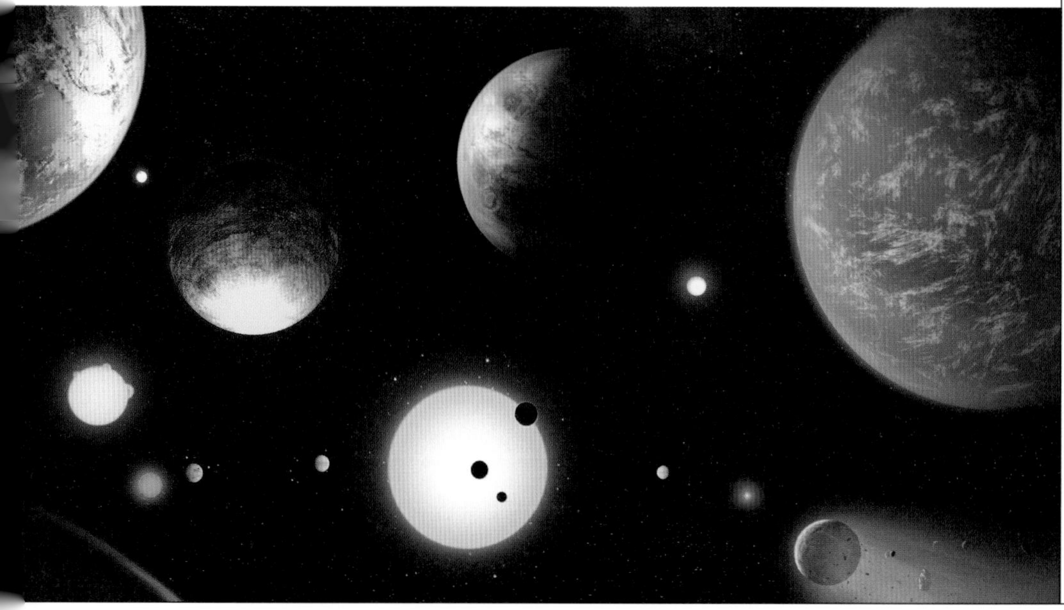

율라우와 같은 힘을 지니게 되었다. 율라우는 게이브를 찾던 도중, 자신을 끈질기게 추적하던 우주 경찰에 붙잡힌다. 율라우를 호송하던 우주 경찰이 그에게 묻는다.

"왜 그렇게 다른 율라우들을 죽이려 하지?"

"다른 율라우들을 죽이면 내가 그들의 에너지를 모두 흡수해 우주의 지배자가 될 수 있기 때문이다."

"정말 그러리라 믿는 것이냐?"

"그렇다. 강해진 나를 보면 모르겠나?"

"모든 에너지가 너에게 모이면 우주의 균형이 깨어져 너뿐만 아니라 우주도 폭발해 버릴 것이다."

율라우는 호송되던 중 자신의 괴력을 이용해 탈출에 성공한다. 그리고 게이브와의 마지막 결전을 펼친다. 결전의 결과는? 그리고 우주의 운명은?

홍콩의 액션 배우 이연걸이 주연한 영화 〈더 원The One〉(2001년)을 필자가 각색한 이야기다.

## 2. 다양성을 위하여

위의 이야기들은 일원론Monism적 세계에 대한 경고를 담고 있다. 일원론에서는 서로 다른 진리가 공존할 수 없다. 어떤 종교가 자신의 믿음만을 진리라고 생각하고 그와는 다른 믿음을 지닌 사람들을 모두 소탕해야 한다고 주장한다면, 이 종교는 일원론적 종교다. 어떤 철학이 인간의 본질에 대해 유일한 답이 있다고 생각하면서 그 답 이외의 것을 모두 거짓이라고 주장한다면, 이 철학은 일원론적 철학이다. 어떤 정파가 자신의 가치관만이 역사의 소임에 부합한다고 생각하고 자신과 다른 가치관을 지닌 정파를 시대착오적이라고 배척한다면, 이 정파는 일원론적 정파다.

다원론Pluralism은 일원론과 반대에 놓인 이론이다. 일원론이 진리가 하나라고 전제한다면, 다원론은 정답이 여럿일 수 있다고 본다. 다원론에서는 서로 다른 믿음과 형이상학과 가치관이 지금 이곳에 공존할 수 있다. 어떤 종교가 구원에 이르는 길은 다양하다고 주장하면서 다른 종교에 사랑과 화해의 손길을 내민다면, 이 종교는 다원론적 종교다. 어떤 철학이 인간의 본질에 대한 답은 여럿일 수 있다고 말하면서 자신의 답이 유일한 답이 아님을 인정한다면, 이는 다원론적 철학이다. 어떤 정파가 자신의 가치관이 세상을 다스릴 수 있는 여러 가치관 중 일부이며 자신의 가치관이 틀릴 수도 있다는 점을 흔쾌히 받아들인다면, 이 정파는 다원론적 정파다.

이것은 예술에도 해당한다. 예술 창작의 길은 하나이며 그 길 이외의 길을 걷는 예술가들은 사이비 예술가라고 비난한다면, 특정 양식만이 이 시대의 유일하게 올바른 양식이고 다른 양식은 퇴행적인 양식이라고 주장한다면, '예술이란 무엇인가?'에 대한 유일한 답이 존재하고 그 답 이외에는 오답이라고 생각한다면, 이는 일원론적 미학이다. 이와는 달리 예술 창작의 길은 여럿이고, 특별히 올바른 하나의 양식이란 있을 수 없으며, '예술이란 무엇인가?'에 대한 답은 여럿일 수 있다고 주장한다면 이는 다원론적 미학이다.

다원론적 미학 시대의 전조를 알린 것은 웨이츠의 '예술 정의 불가론'이다. 이 이론의 취지 중 하나는 예술은 너무도 다양하여 하나의 정의로 수렴할 수 없다는 것이다. 디키가 '제도론'을 내세우며 그 다양성을 제도적으로 용인된 다양성으로 축소하려 했지만, 예술계 내부의 사정은 더 이상 제도로 묶기에는 어려운 방향으로 흘러가고 있었다. 앞에서도 말했듯이, 제도에 대한 격렬한 저항이 아방가르드, 해프닝Happening, 퍼포먼스Performance, 네오다다 Neo-Dada● 등의 이름으로 시도됐다. 다원론적 미학은 이러한 저항에 대한 자유주의적 화답이다. 모방론의 시대에는 잘 모방한 작품만이 예술로 인정받았다. 표현론의 시대에는 잘 표현한 작품만이 예술로 인정받았다. 형식론의 시대에는 형식의 아름다움을 잘 구성한 작품만이 예술로 인정받았다. 이제 이러한 일원론의 시대는 끝났다. 다원론의 시대에는 모방적 작품도, 표현적 작품도, 형식적 작품도 모두 예술로 인정받는다. 한 화가가 오늘은 모방적 그림을 그리고,

● 다다이즘 이래 예술의 관례나 제도가 본질적인 것이 아니라는 사실을 간파한 예술가들은 끊임없이 관례나 제도가 자신의 작업에 부과하는 제약과 억압을 부수려고 애써 왔다. 가장 위대한 아방가르드 예술가로 꼽히는 뒤샹은 〈샘〉을 통해 예술가의 '제작'이라는 전통적인 예술 관례를 파기했다. 한편 1959년 앨런 카프로Allan Kaprow가 〈여섯 파트로 된 열여덟 가지 해프닝〉이라는 공연을 시도한 뒤 공식적인 예술 양태로 정착한 해프닝과 퍼포먼스는 우연성을 작품의 중요한 구성 요소로 삼음으로써 작품의 의미에 대한 작가 중심적인 일원론적 사고를 해체했다. 또한 다양한 장르의 경계를 넘나드는 구성을 통해 장르의 엄격한 경계를 주장하는 모더니즘의 관례를 파괴했다. 1950년대에 등장한 네오다다 역시 예술의 자율성과 비일상성이라는 모더니즘의 관례를 파기하고 일상적 대상들을 예술 속으로 끌어들임으로써 예술의 경계를 확장시켰다.

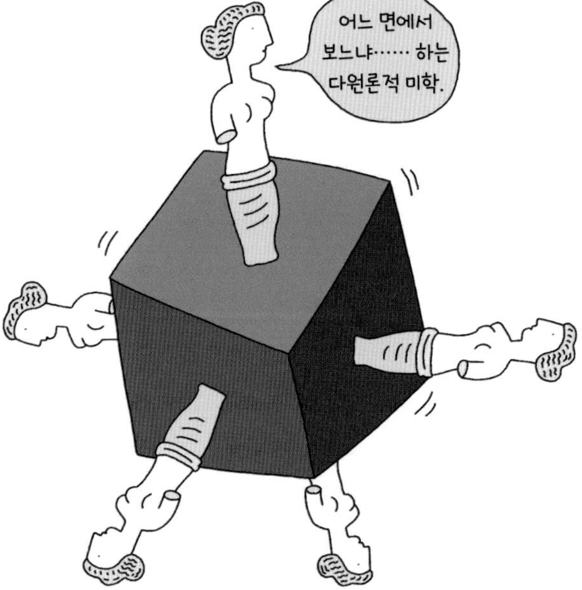


내일은 표현적 그림을 그리고, 모레는 형식적 그림을 그리고, 또 그다음 날 다른 무엇을 그려도 상관없다. 이 화가는 모방적 그림을 그리고, 저 화가는 표현적 그림을 그리고, 또 다른 화가는 형식적 그림을 그려도 상관없다. 조르조 바사리Giorgio Vasari식 르네상스 시대에는 모방적 그림이 칭송을 받았고, 그린버그식 모더니즘 시대에는 형식적 그림이 칭송을 받았다. 그렇지만 다원론의 시대에는 어떤 거대 예술론이 특정 양식을 정당화하거나 그 양식이 다른 양식을 억누르는 풍조는 더 이상 존재하지 않는다. 한 양식과 다른 양식은 서로 소통한다.

뉴욕 현대미술관에서 20세기 최고의 미술비평가인 그린버그가 극찬한
추상표현주의 화가 잭슨 폴록의 〈넘버 31〉을 관람하는 사람들과
16세기 이탈리아의 화가, 건축가이자 최초의 미술사가인 바사리가 설계한
우피치 미술관에서 보티첼리의 〈비너스의 탄생〉을 관람하는 사람들.

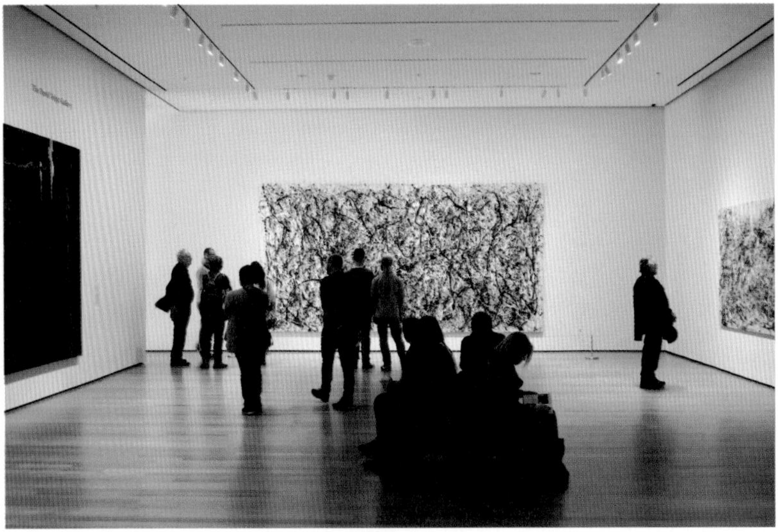

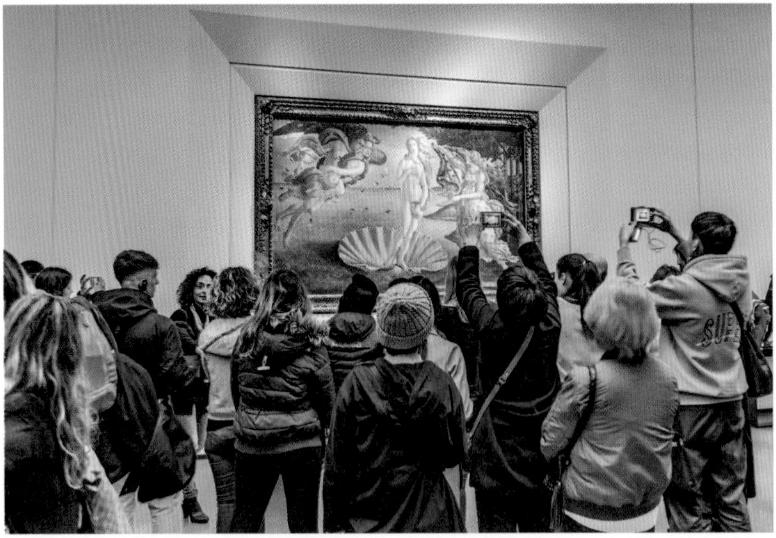

## 3. 표현의 자유와 사회적 합의

지금까지 다원론적 미학의 윤곽 및 등장 배경을 살펴보았다. 이제 다원론적 미학과 연관된 의문들을 살펴보자.

첫째, 다원론에서는 모든 작품이나 모든 양식이 다 용인되는 것인가? 그렇지 않다. 다원론은 자유주의의 연장선상에 있다. 자유주의는 개인의 자유를 최대한 확대하는 것을 목표로 하지만, 자유를 무제한으로 허용하는 것은 아니다. 성인의 경우, 개인의 자유는 자신의 자유가 타인에게 피해를 주지 않는 한에서 허용된다. 예컨대, 월드컵 경기에서 어떤 국가를 응원하느냐는 개인의 자유다. 그러나 자신이 선택한 국가를 응원하면서 늦은 밤에 고성을 지르고 굉음을 일으켜서 다른 사람의 수면을 방해한다면 그 응원은 금지되어야 한다. 그럼에도 고성을 지르고 굉음을 일으키는 자유를 누리고 싶다면 잠자려는 타인에게서 멀리 떨어져 있을 때 그 자유의 권리를 행사하면 된다.

또 하나의 예로, 마음껏 꽹과리를 치고 싶은 사람이 있다고 하자. 꽹과리를 치는 자유는 타인에게 피해를 주지 않는 이상 허용되어야 한다. 그러나 꽹과리 소리 때문에 도서관에서 공부하던 학생이 공부를 포기하고 집으로 돌아갔다면 꽹과리를 두드리는 일은 금지되어야 한다. 전통문화의 계승이나 우리 것의 복원 등, 그 어떤 공동체적 명분도 타인에게 피해를 주는 자유를 정당화할 수 없다. 그럼에도 꽹과리를 치고 싶다면 방음 시설이 갖추어진 곳에서 마음껏 연주하는 자유를 누리면 된다.

자유주의의 원리는 다원론적 미학에도 적용할 수 있다. 어떤 작품이나 어떤 양식을 창조할 자유는 그 작품이나 양식을 창조하는 것이 타인에게 피해를 주지 않는 이상 허용되어야 한다. 어떤 예술가가 자신의 홈페이지에 자신의 전신 알몸 사진을 올렸다고 하자. 어떤 가수가 비속어로 된 노래를 부른다고 하자. 어떤 소설가가 파시즘을 찬양하는 소설을 쓴다고 하자. 이들의 창작과 표현의 자유는 타인에게 피해를 주는가? 타인에게 피해를 주지 않는다면 플라톤식의 애매한 공동체적 명분을 내세워 예술가가 누려야 할 표현의 자유를 금지해서는 안 된다. 그러나 만일 타인에게 '분명한' 피해를 준다면 어떤 예술적 명분으로도 표현의 자유를 허용해서는 안 된다.

물론 앞에서 소개한 사례들이 타인에게 피해를 주는지를 둘러싸고 논란이 일어날 수도 있다. 피해의 폭을 넓게 설정할수록 예술의 자유는 축소될 것이며, 피해의 폭을 좁게 설정할수록 예술의 자유는 확대될 것이다. 어떤 경우든 피해의 폭을 어떻게 설정할지 사회적으로 합의할 수 있다. 그리고 합의된 규정에 따라 타인에게 해를 끼치는 예술이 표현의 자유인지 아닌지를 결정할 수 있다.

## 4. 빵, 스테이크, 예술

다원론의 입장에서는 자유주의적 제한 내에서 모든 작품과 양식을 허용하는 것이 바람직하다고 본다. 그렇다면 타인에게 피해를 주지 않기 때문에 허용된 작품이나 양식들 간의 평가는 다원론적 미학에서 가능한가? 좋은 작품이나 양식, 나쁜 작품이나 양식이라는 표현이 가능한가?

두 번째 의문 앞에서 다원론적 미학은 딜레마에 봉착한다. 더 많은 자유를 허용해 더 많은 다양성을 추구한다면, 가능한 한 어떤 기준을 마련하지 않는 것이 좋다. 기준이 존재한다면 그 기준을 중심으로 다양성의 폭이 좁아질 가능성이 있기 때문이다. 그러나 아예 기준을 두지 않는다면 자칫 혼란에 빠질 수도 있다. 미술대학의 입시에서 응시생들의 작품을 평가해 합격자와 불합격자를 판정하는 기준은 무엇일까? 국가에서 지원하는 예술 지원 기금 응모에 지원한 작품들을 평가해 기금 수혜자와 비수혜자를 가리는 기준은 무엇인가?

다양성을 생각한다면 평가의 기준을 부정하는 것이 바람직하고, 현실적 혼란을 피하고자 한다면 평가의 기준을 긍정하는 것이 바람직하다. 이러한 딜레마를 어떻게 해결할 것인가? 딜레마를 해결하는 한 가지 해법은 다양성을 허용하는 평가의 기준을 마련하는 일이다.

예술가를 꿈꾸며 이리저리 떠돌던 구보 씨의 삶도 이제 좀 나아졌다. 모처럼 가족과 외식 나들이를 했으니 말이다. 구보 씨네 가족은 스테이크 전문점에 갔다. 우아한 조명과 은은한 음악. 상큼한 미소를 띤 종업원이 구보 씨네 가족을 자리로 안내하고서 주문을 받았다. 모두 스테이크를 시켰다. 가족끼리 즐겁게 이야기를 나누는 동안 먼저 수프와 빵이 나왔다. 버터를 빵에 바르려는데 날카로운 스테이크용 나이프밖에 없었다. 구보 씨는 스테이크용 나이프를 사용하다 손을 다칠 수 있다는 아내의 만류에 종업원을 불렀다. 종업원은 금세 날이 무딘 나이프를 가져왔다. 드디어 오늘의 주메뉴인 스테이크가 나왔다. 모두 자기 앞에 놓인 스테이크를 썰기 시작했다. 그런데 구보 씨의 딸이 고기가 안 썰린다며 투정을 부린다. 딸은 버터용 나이프를 들고 스테이크를 썰고 있는 것이 아닌가. 구보 씨는 딸에게 스테이크용 나이프로 썰어 보라고 했으나 딸에게는 스테이크용 나이프가 없었다. 구보 씨는 약간 짜증이 나서 종업원을 불렀다.

"이게 뭐예요. 그때그때 상황에 맞는 나이프를 다양하게 준비해 둬야죠!"

조금 소란이 있었지만 모처럼의 외식은 즐겁게 끝났다. 어느덧 여름도 끝나 가고 있었다. 제법 선선해진 바람을 쐬며 집으로 돌아온 구보 씨는 내일 처리해야 할 일을 준비하기 위해 책상 앞에 앉았다. 구보 씨는 어떤 예술 대회의 심사 위원을 맡았는

데, 심사 위원들은 각자 내일까지 평가 기준에 대한 시안을 만들어 가야 한다. 그 시안들을 토대로 심사 위원들이 의견을 나눈 뒤 최종안을 결정하기로 했다.

'꼭 날카로운 칼과 같은 기준만 좋은 것은 아니지. 때론 무딘 칼과 같은 기준이 좋을 수도 있어. 특히 예술은 질긴 스테이크라기보다는 부드러운 빵 아니겠어. 그래도 다양한 칼을 준비하듯이 다양한 기준을 준비해 놓는 것도 필요해. 여러 상황이 있을 테니 말이야. 예술은 다양성이 생명이잖아.'

이런저런 궁리 끝에 구보 씨는 평가 시안의 기본 바탕을 정리하기 시작했다.

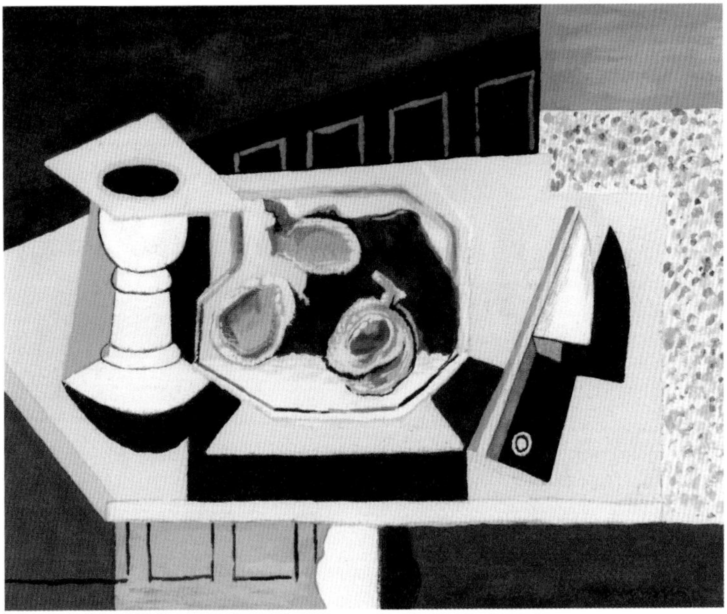

루이 마르쿠시, <나이프가 있는 정물>, 1925년.

1. 평가의 기준은 하나가 아니라 여럿이다. 모방론, 표현론, 형식론 등은 하나의 기준을 제시하지만 이 세 가지 기준뿐만 아니라 다른 다양한 기준들도 인정해야 한다.
2. 가능한 여러 가지 기준을 놓고 그중에서도 특정 기준을 선택하도록 한다. 어떤 작품에 어떤 기준을 적용하는가는 당위의 문제가 아닌 선택의 문제다. 선택한 기준이 무엇이냐에 따라 같은 작품에 대해서도 평가가 달라질 수 있다. 예컨대 〈샘〉은 모방론적 기준에서는 좋은 작품일 수 있지만, 형식론적 기준에서는 나쁜 작품일 수 있다. 대학이든 일반 단체든 심사를 주관하는 기관은 자신들의 목적에 부합하는 기준을 선택하면 된다.
3. 선택한 특정한 기준 내에서는 작품들 간의 우열을 가릴 수 있다. 렘브란트의 그림과 고흐의 그림 중 모방론적 기준에서는 어떤 작품이 우월한지 평가할 수 있다. 모방론적 기준에서는 렘브란트의 그림이 고흐의 그림보다 더 나을 수 있다. 그렇지만 표현론적 기준에서는 고흐의 그림이 렘브란트의 그림보다 더 나을 수 있다.
4. 다양한 기준 내에서의 평가는 좋다 / 나쁘다 식의 이분법으로 이루어지는 것이 아니라 아주 좋다 / 좋다 / 그럭저럭하다 / 나쁘다 / 아주 나쁘다 식의 다분법으로 이루어진다. 세상에는 좋은 사람과 나쁜 사람만 있는 것이 아니다. 작품도 좋은 작품과 나쁜 작품만 있는 것이 아니다. 평가가

미세하게 다른 작품들도 많다. 그러한 차이를 분별할 수 있는 평가가 더 섬세하고 더 정확한 평가다. 그래서 이분법적 평가보다는 다분법적 평가가 더 섬세하고 더 정확한 평가가 될 수 있다.

5. 구보 씨는 평가 기준에 대한 시안을 대략 마무리한 뒤 잠자리에 누웠다. 돌아보면 그의 삶은 참 다양한 배역을 거쳐 왔다. 소백산, 파리, 유치장 등 돌아다닌 곳도 다양했다. 그리고 이제는 예술 대회의 심사 위원이 되었다. 곡절 많았던 다채로운 삶의 여정이 출품된 다양한 예술 작품들을 이해하는 데 도움이 될 것이다. 구보 씨는 어느새 코를 드르렁드르렁 골고 있었다.

## 5. 톨레랑스의 꿈

꿈을 꾼다. 구보 씨도, 여러분도. 여러분이 꿈꾸는 삶은 어떤 삶인가? 여러분이 꿈꾸는 사회는 어떤 사회인가? 어떤 사회가 이상적인 사회인가? 정착민이 되어 한 우물을 파는 삶, 아니면 유목민이 되어 곳곳에 우물을 파는 삶. 한 가지 역사적 목적을 향해 한 사람의 지도자가 사회 구성원 전부를 독려하는 사회, 아니면 특정한 역사적 목적을 폐기하고 개인의 다양한 삶을 보장하는 사회. 독일의 사상가이자 혁명가였던 카를 마르크스Karl H. Marx(1818~1883년)가 꿈꾼 사회적 유토피아는 다음과 같다.

> 내가 오늘은 이 일을 하고 내일은 다른 일을 하는 것이, 아침에는 사냥을 하고 오후에는 낚시를 하고 저녁에는 소 떼를 돌보며 저녁 후에는 비평 활동을 하는 것이 가능해진다. 그것도 내가 단지 그렇게 하고 싶어서이므로 나는 사냥꾼, 어부, 목동, 비평가 등등이 되어야 할 필요가 없는 것이다.

다원론적 미학의 유토피아도 이와 크게 다르지 않다. 팝아트Pop Art의 대표적 작가 앤디 워홀Andy Warhol●은 다음과 같이 말한다.

> "어떻게 하나의 양식이 다른 것보다 더 낫다고 말할 수 있는가? 당신은 다음 주면 추상 표현주의자나 팝 아티스트, 아니면 사실주의자가 될 수도 있다. 그것도 무엇인가를 포기했다는 느낌을 받지 않으면서 말이다."

워홀, <4개의 미키마우스>, 1981년.

● 팝아트를 대표하는 작가. 카네기 공과대학에서 디자인을 전공하고 상업 디자이너로 성공을 거두었으나, 이에 만족하지 않고 실크스크린 작품으로 미술계에 도전해 결국 팝아트의 아이콘이 되었다. 그는 메릴린 먼로Marilyn Monroe나 코카콜라 병 같은 대중적이고 상업적인 이미지를 스스로 '팩토리'라고 불렀던 작업장에서 반자동화된 실크스크린 기법으로 제작했으며, 그의 작품은 추상미술에 식상해진 관람객들을 사로잡았다. 줄곧 순수미술과 상업미술의 경계에서 활동한 그의 활동은 순수미술의 경계를 허물고 확대시켜 이후의 다양한 미술을 위한 기반을 마련했다.

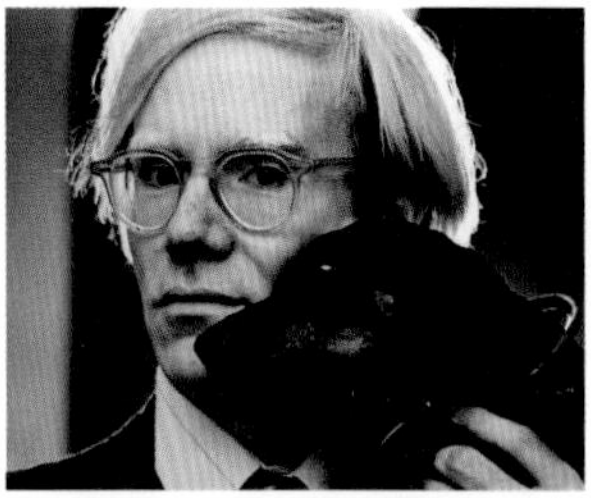

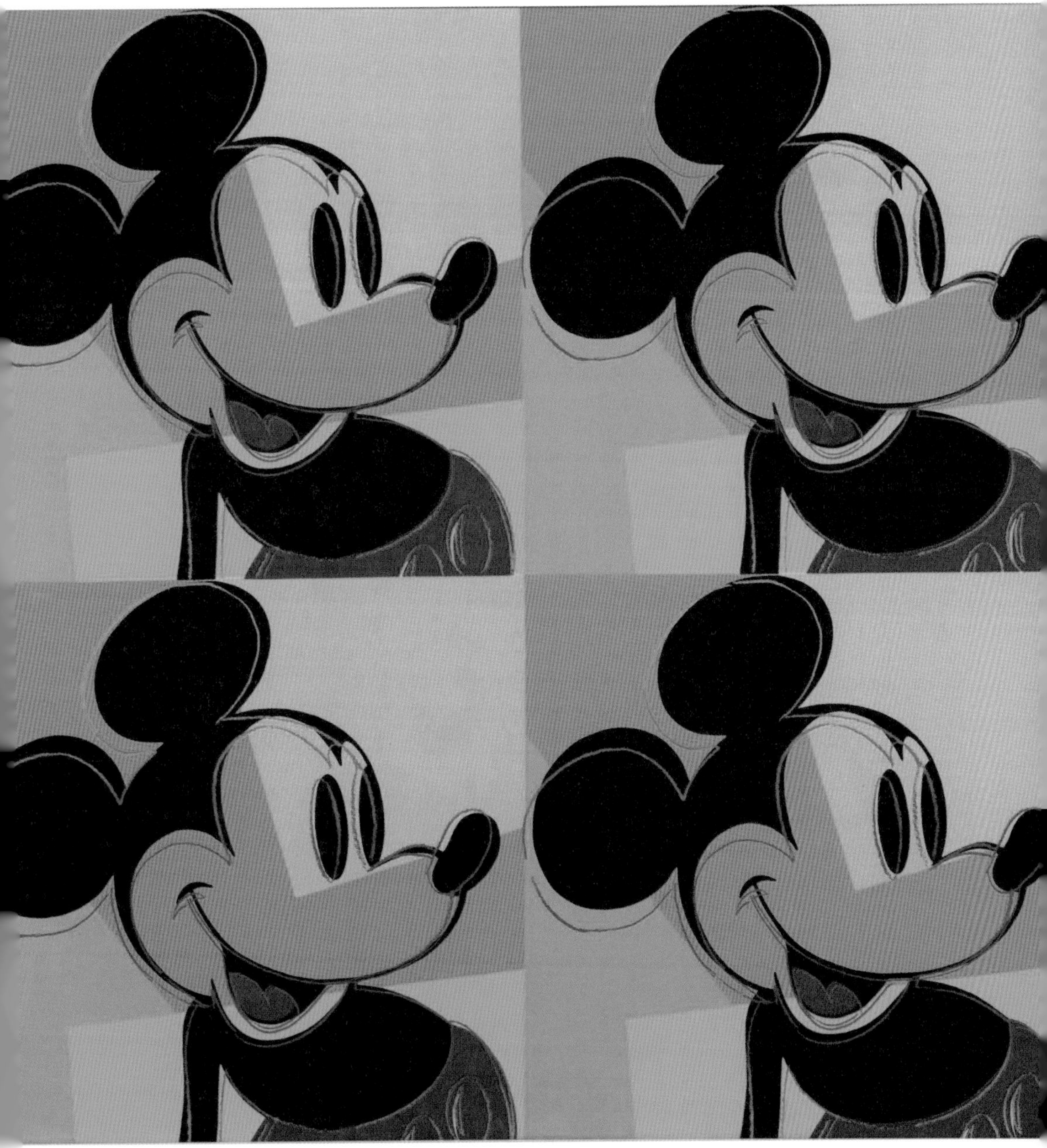

다원론적 유토피아에서는 상대편의 자유를 침해하지 않는 이상 상생한다. 다원론적 미학자인 아서 단토Arthur Danto에 따르면, 갈등에서 자유로워지는 데에는 두 가지 방법이 있다. 하나는 자신에게 맞지 않으면 모조리 제거해 버리는 것이고, 다른 하나는 그 어떤 차이에도 상관없이 더불어 살아가는 것이다. 다원론적 유토피아에서는 후자의 방식을 추구한다. 일원론자는 이것을 절충주의의 나쁜 징후라고 비판할 수도 있지만 다원론자는 이것을 지배와 모욕 없이 다름을 인정하는 사회 문화적 이상의 상징이라고 본다.

# 『장미의 이름』

진리를 위해 목숨을 바칠 수 있는 자들을 조심하라.

이 말은 다원론의 격률인 동시에 에코의 베스트셀러 소설『장미의 이름』이 전하는 메시지이기도 하다.

영화로도 제작되어 인기를 끈『장미의 이름』은 중세의 수도원을 배경으로 하고 있다. 이러저러한 일로 어느 수도원을 방문한 윌리엄 수도사는 수도원장에게서 수도원에서 일어나고 있는 괴이한 사건을 듣게 된다. 수도사들이 하나둘씩 영문도 모른 채 죽어 나가고 있었던 것이다.

윌리엄 수도사는 수사에 들어갔다. 영화에서는 숀 코너리Sean Connery가 윌리엄 수도사 역할을 맡았다. 숀 코너리, 그가 누구인가. 그는 영화 〈007 시리즈〉의 제1대 제임스 본드가 아니던가. 윌리엄 수도사는 명민한 추리력과 과감한 결단력을 발휘해 사건의 실마리를 하나둘 풀어 간다. 사건의 진원지는 수도원 안의 도서관이었다. 도서관에 소장된 수많은 장서 중에는 금서로 지정해 따로 보관하는 책들도 꽤

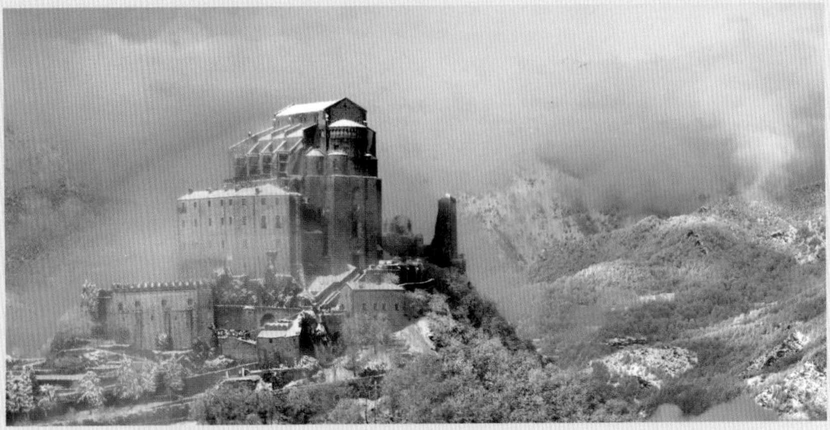

소설『장미의 이름』의 모티브로 알려진 이탈리아 북부의 성 미카엘 수도원.

많았다. 아리스토텔레스의『희극』도 그중 하나였다.『희극』이라면 아리스토텔레스가『비극』을 마무리한 뒤 곧이어 쓰겠다고 공언한 책이지만 오늘날에는 전해 내려오지 않는다. 그 책이 중세의 한 수도원 도서관에 금서로 지정되어 있었던 것이다.

왜『희극』이 금서였을까? 소설에 따르면, 아리스토텔레스의『비극』이 인간은 울 수 있는 존재라는 점을 정당화하고 있듯이『희극』은 인간은 웃을 수 있는 존재라는 점을 정당화하고 있었다. 그런데 수도원의 중심인물인 보수 강경파 호르헤 수도사는 인간은 신 앞에 고개 숙이고 속죄할 뿐 낄낄 깔깔 웃어서는 안 된다고 생각했다. 따라서 웃음을 부추기는『희극』은 당연히 금서가 될 수밖에 없었다. 호르헤 수도사는 이 책이 사람들에게 알려지면 인간은 속죄하지 않고 신마저 비웃음을 당할 것이라고 생각했다.

호르헤 수도사는 의심이 많고 주도면밀한 사람이었다. 그는 『희극』을 금서로 지정한 것도 못 미더워 『희극』의 모든 책장 아랫부분에 독약을 발라 두었다. 당시에는 책을 읽을 때 책장을 잘 넘기기 위해 손가락에 침을 바르곤 했다. 따라서 몰래 『희극』을 읽은 수도사들이 혀가 시커멓게 타들어 가 죽음에 이르렀던 것이다. 윌리엄 수도사는 미궁에 빠져 있던 수도사들의 죽음에 대한 의문을 밝혀냈다.

그가 호르헤 수도사를 몰아붙이자 궁지에 몰린 호르헤 수도사는 도서관에 불을 질러 자신도, 『희극』도 불쏘시개로 삼았다. 수도원은 사흘 밤낮 동안 불탔다. 호르헤 수도사는 목숨을 바쳐서라도 인간은 웃어서는 안 된다는 진리를 지키려 했다. 소설 『장미의 이름』은 진리를 위해 목숨을 바칠 수 있는 자들을 조심해야 하는 까닭을 다음과 같이 밝힌다.

> 진리를 위해 죽을 수 있는 자는 많은 사람을 자신과 함께 죽게 하거나, 때로는 자신보다 먼저, 때로는 자신 대신 죽게 한다.

# 제 7 장

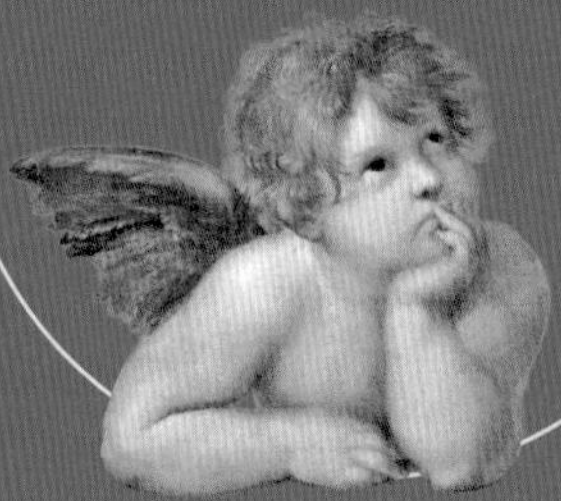

# 세렝게티 초원의 추억

## 진화심리학과 예술

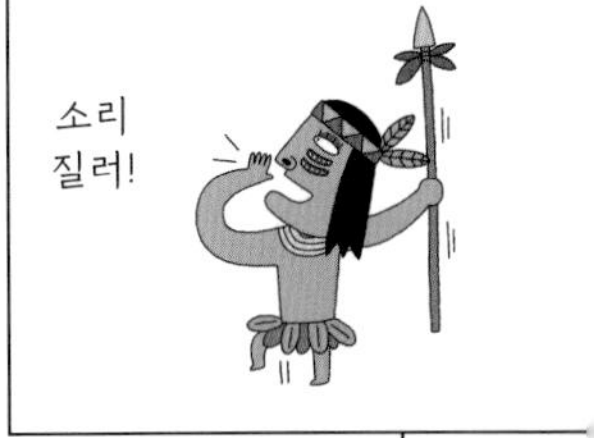


## 1. 진화심리학으로의 초대

다원론의 물꼬를 튼 '예술 정의 불가론'의 웨이츠를 떠올려 보자. 그에 따르면, 예술에서 이론은 예술의 다양한 특징들 가운데 지금껏 보지 못한 특징을 새롭게 조명함으로써 예술에 창의성과 풍요성을 부여한다. 모방론, 표현론, 형식론, 제도론 등에서 살펴본 각각의 특징들 외에 지금껏 보지 못한 특징들을 새롭게 조명할 수 있는 방법은 무엇일까?

하나는 예술에 이전과는 다른 낯선 해석의 틀을 적용해 보는 것이다. 창의성은 때론 전혀 예기치 않은 순간에 발휘되기도 한다. 책상 앞에 앉아 수학 문제를 풀고 있다. 실마리가 영 풀리지 않는다. 끙끙 용을 쓰고, 땀을 삐질삐질 흘리며 계속 문제와 씨름한다. 그래도 문제가 해결될 기미가 보이지 않는다. 어떻게 하면 좋을까? 일단 책상에서 벗어나 보자. 운동장에 나가 농구를 해도 좋다.

호젓한 숲길을 거닐며 맑은 공기를 마시는 것도 좋다. 친구들과 실컷 수다를 떠는 것도 괜찮다. 그러다 보면 막혔던 실마리가 술술 풀리는 경우가 있다. 비슷한 맥락에서, 이번 장에서는 예술에 진화심리학이라는 다소 낯선 방법을 적용해 예술의 또 다른 특징을 밝혀 보자.

진화심리학은 진화생물학 + 심리학이다. 진화생물학●에 따르면, 오늘날 인간의 육체 구조는 번식과 생존에 유리한 방향으로 진화되어 온 결과물이다. 진화심리학은 진화생물학의 이러한 견해를 인간의 심리에 적용해, 오늘날 인간의 심리 구조도 번식과 생존에 유리한 방향으로 진화되어 온 결과라고 본다. 인간의 여러 심리 중에서 번식과 생존에 유리한 심리는 자연선택되어 유전적으로 계승되어 왔고, 불리한 심리는 자연도태되어 계승되지 못했다.

예컨대 성적 욕망을 금기시하는 심리는 번식에 불리하게 작용하기 때문에 대다수의 인간은 이런 심리를 계승하지 않게 되었다. 쇼펜하우어식의 비관적인 인생관도 생존에 불리하게 적용하기 때

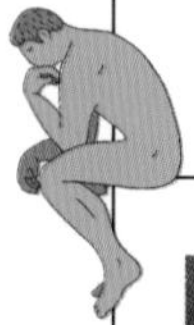

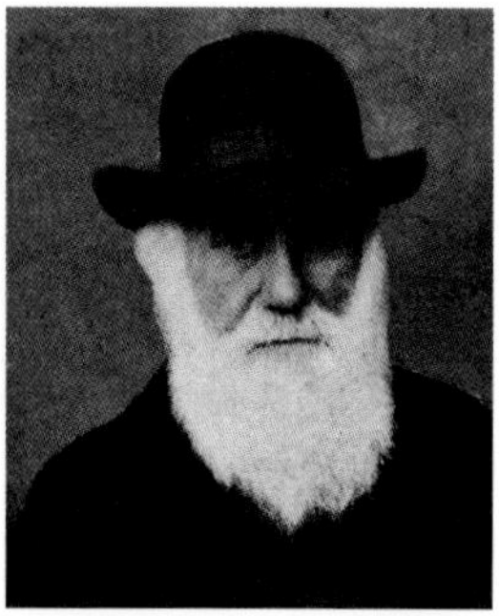

● 다윈이 기초를 마련한 진화생물학은 생물이 '변이'와 '선택'으로 진화한다고 주장한다. 해당 생물의 번식과 생존에 유리한 변이는 선택되어 유전적으로 계승되고, 불리한 변이는 유전에 실패해 자연도태된다는 것이다. 현대 생물학의 주요한 영역으로 자리 잡은 진화생물학은 사회생물학과 진화심리학 등 인간과 사회를 탐구하는 여러 분야에 영향을 끼치고 있다.

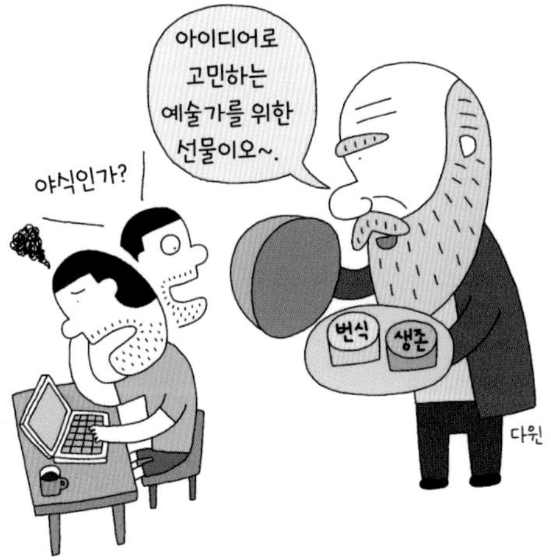


문에 마찬가지다. 이기적 인간에 대한 경계심은 한 개인뿐만 아니라 집단의 생존에도 유리하게 작용하므로 대다수 인간은 이런 심리를 계승하게 되었다.

진화심리학은 이렇듯 인간의 심리적 구조에서 나온 사랑, 질투, 욕망, 윤리, 종교, 예술 등을 번식과 생존이라는 두 가지 조건과의 연관 속에서 살펴본다. 이 중 예술에 대한 탐색의 결과를 알아보자.

## 2. 예술, 달콤한 사랑의 속삭임

찰스 다윈Charles R. Darwin(1809~1882년)은 아름다움이 종족 번식을 증진하는 데 도움을 준다고 보았다. 아름다운 꽃은 벌의 눈에 잘 띄어 번식에 유리하다. 민들레나 쐐기풀과 같이 바람에 의해 수정되는 꽃은 아름다운 빛깔을 띠지 않는다. 만일 곤충이 지구상에 존재하지 않았다면 식물은 아름다운 꽃으로 장식되지 않았을 것이다.

열매도 마찬가지다. 잘 익은 딸기와 버찌가 아름다운 색깔을 띠는 것은 무슨 까닭일까? 포식자에게 먹음직스럽게 보여 먹힌 다음 그 종자가 포식자의 똥에 섞여 멀리까지 가기 위함이다. 조류, 어류, 파충류, 포유류 등도 마찬가지다. 수놈의 아름다운 형태나 음색은 암놈을 유혹하기 위한 것이다.

다윈의 견해에 영향을 받은 진화심리학은 먼저 예술과 번식의 연관성에 주목한다. 예술은 종족 번식에 도움을 주려는 활동에서 비롯되었다는 것이다. 번식에 있어서 가장 중요한 일은 적절한 짝을 찾는 일이다. 적절한 짝을 찾는 일은 남녀에게서 서로 다른 양태로 나타난다. 남성은 자손을 임신, 출산, 양육할 수 있는 여성을 원하고, 여성은 임신, 수유, 양육 기간 동안 안정적으로 자원을 제공할 수 있는 남성을 원한다는 것이다.

이러한 차이는 남성과 여성의 구애 전략에 영향을 끼쳐 남성은 경제적으로 여유 있고, 사회적 지위가 높고, 용맹스럽게 보일수록 좋은 짝을 구하기에 유리하며 여성은 젊고, 아름답게 보일수록 좋은 짝을 구하기에 유리하다고 보았다.

진화심리학에 따르면 번식과 연관했을 때 예술은 이런 구애 전략의 산물이다. 예를 들어 거의 모든 원시 부족의 여성들은 붉은색으로 보디페인팅Body Painting을 하는데, 이는 여성의 임신 능력을 상징하는 월경에서 비롯되었다. 이성의 시선을 끌기 위해 붉은색으로 보디페인팅을 한 이들이 함께 어우러져 춤을 췄고, 여기에 음악 등이 곁들여져 제의祭儀가 성립됐다. 그림, 무용, 음악 등의 씨앗이 여기에 담겨 있는 것이다.

고갱, 〈공작이 있는 풍경〉, 1892년.

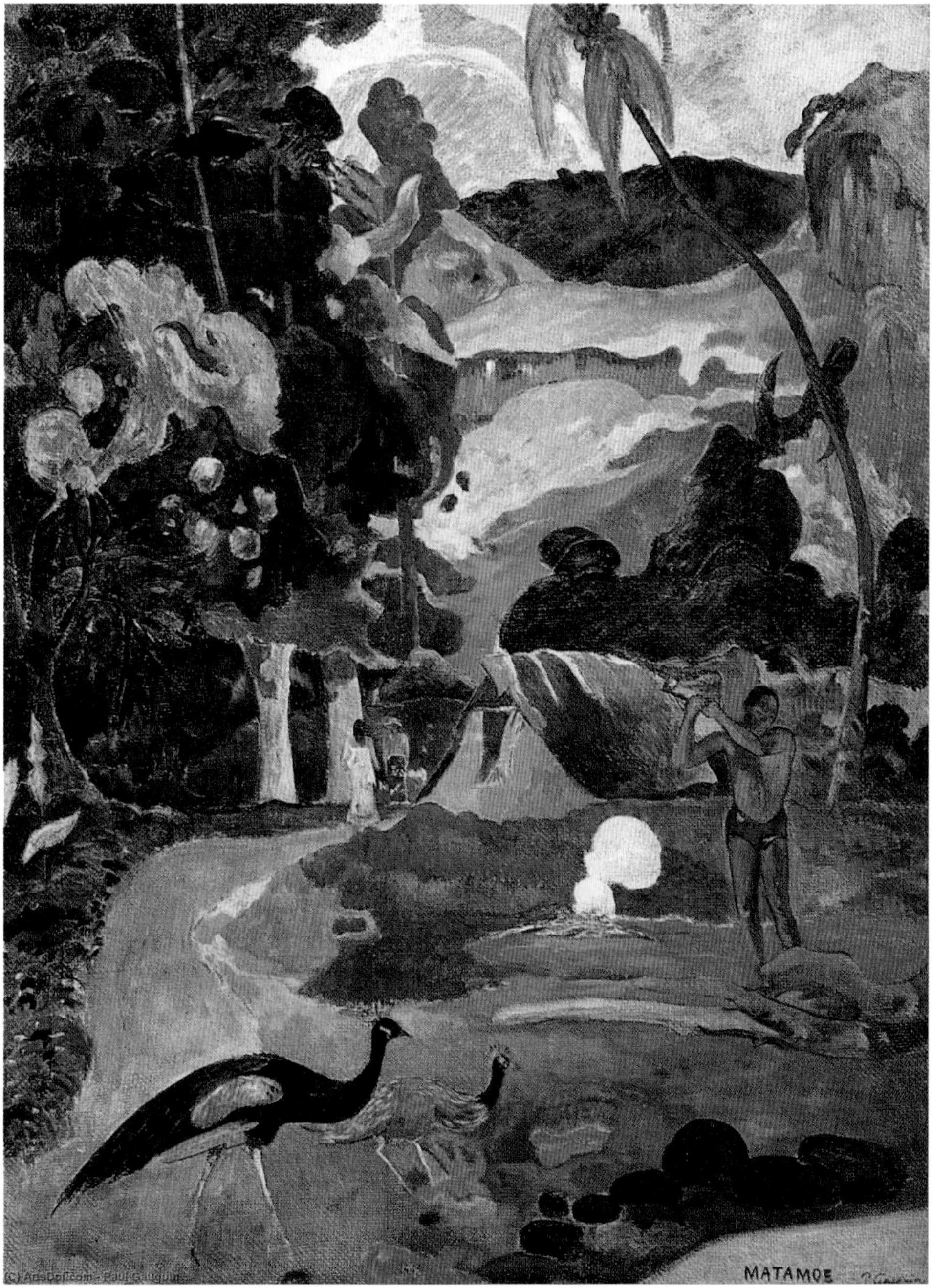
MATAMOE

## 3. 예술, 생존을 위한 북소리

진화심리학은 예술을 생존과 연관시키기도 한다. 생명체의 진화 과정에서 번식과 더불어 또 하나 중요한 요소는 생존이다. 생존하기 위해서는 적절한 식량을 마련하고(食), 적절한 주거지를 마련하고(住), 침략자나 다른 환경적 위험을 극복해야 한다.

적절한 식량을 마련하는 것은 인류의 생존에서 가장 중요한 일이다. 유해한 음식과 무해한 음식을 구별하고 사냥, 채집, 재배 등을 통해 음식을 확보해야 한다. 상한 음식에 대한 거부감, 유해한 음식을 먹은 뒤의 구토, 여성의 임신 중 입덧, 도구의 개발, 남녀 간의 역할 분화 등은 적절한 식량 마련이라는 생존 전략의 부산물이다.

적절한 주거지를 마련하는 것은 생존의 다른 두 가지 조건과 연관된다. 즉, 적절한 식량을 마련하기에 유리하고 침략자나 다른 환경적 위험을 피할 수 있는 곳이 주거하기에 적당하다. 진화심리학자들은 아프리카 대초원 지역이 원시인류에게 가정 적절한 주거 지역이라고 추측하고 있다. 인류가 보편적으로 초록색을 선호하는 것은 이러한 주거지 마련이라는 생존 전략의 부산물이다.

침략자나 다른 환경적 위험을 극복하는 것은 낯선 외부인, 맹수, 독사, 독충, 풍토병 등으로부터 자신을 지키는 일이다. 이를 위한 대표적인 전략으로는 꼼짝하지 않기, 도망가기, 공격하기, 항복하기, 알레르기, 발열 등이 있다. 예컨대 꼼짝하지 않기는 낯선 외부인이나 맹수에게서 자신을 숨길 수 있는 전략이며, 도망가기는 독사의 공격에서 벗어날 수 있는 전략이고, 공격하기는 거미 같은 독충의 위험을 방지할 수 있는 전략이다. 공포, 두려움, 근심 등의 감정 또한 이런 전략의 대표적인 부산물이다. 범 무서울 줄 모르고 덤벼드는 하룻강아지는 살아남기 힘들다.

생존의 주요한 세 가지 전략을 보면, 예술은 생존과 직접적인 연관성이 없다. 식량을 마련하고, 주거지를 마련하고, 환경적 위험을 극복하는 일에 예술이 직접적으로 도움을 준다고 보기는 힘들다. 그런데 몇몇 진화심리학자들은 예술이 진화의 과정에서 생존에 간접적인 도움을 주었다고 주장한다. 타임머신을 타고 원시 부족의 마을로 가 보자.

원시인들이 사는 부락이 있다. 내일은 음식을 구하기 위해 부락의 남자 모두가 들소 사냥을 떠나는 날이다. 들소 사냥은 이 부락의 가장 중요한 활동 가운데 하나이기 때문에 부락 전체는 사냥을 위해 힘을 모은다. 남자들은 먼저 들소 사냥을 위한 작전을 구체적으로 짜 두고, 그런 다음 사냥에 필요한 도구를 정비했다. 원시인 구보 씨는 자신의 돌도끼 중에서 지난번 사냥에서 혁혁한 공을 세웠던 돌도끼를 골라 정성껏 손질했다. 그리고 돌도끼의 손잡이 부분에 자기 부락의 수호신인 반달곰의 형상을 새겨 놓았다. 내일 사냥에도 반달곰 수호신이 자기와 함께하리라고 생각하니 마음이 흐뭇했다.

부락에는 어느덧 어둠이 내렸다. 사냥에 나서는 남자들을 위해 여인들이 잔치를 마련했다. 사냥에 나서기 전에는 항상 잔치를 열었다. 식사를 마치고 나서 제의가 펼쳐졌다. 남자들이 무사히 사냥을 마치고 돌아오기를, 많은 수확물을 거둬 오기를 비는 제의의 백미는 사냥춤이다. 사냥춤은 들소 사냥을 재현하는 춤이다. 들소를 추적하고 발견한 다음 공격해 포획하는 것까지 사냥의 전 과정이 상징적으로 압축되어 있다. 몸동작 사이사이로 들소의 울음소리, 사냥꾼들의 함성, 돌도끼 부딪치는 소리 등과 같은 음악적 요소도 첨가된다. 구보 씨도 온몸에 진흙을 발랐다. 진흙은 자신이 '대지의 아들'임을 확인해 주는 상징이다. 진흙을 바르면 마음이 편해진다. 구보 씨는 온몸에 진흙을 바른 뒤, 들소 피로 양쪽 볼에 날카로운 사선을 세 줄씩 그었다. 눈 주위에는 동그라미를 그렸다. 이 정도면 충분히 들소에게 겁을 줄 수 있을 것이다.

분장을 마치고서 구보 씨는 다른 동료들과 더불어 사냥춤을 추기 시작했다. 온몸에 땀이 흘렀다. 동료들과 함께 있다는 느낌, 대지에 발을 디디고 있다는 느낌, 반달곰 수호신이 보호해 주고 있다는 느낌 등이 더해졌다. 마음 한구석에 자리 잡고 있던 불안감이 사라지고 용기와 자신감이 솟아오른다. 제의를 마친 뒤, 구보 씨와 다른 동료들은 내일 있을 들소 사냥의 풍요와 안전을 빌며 일찍 잠자리에 든다.

앞의 예에서 생존에 직접적으로 도움을 주는 일은 식량을 구하

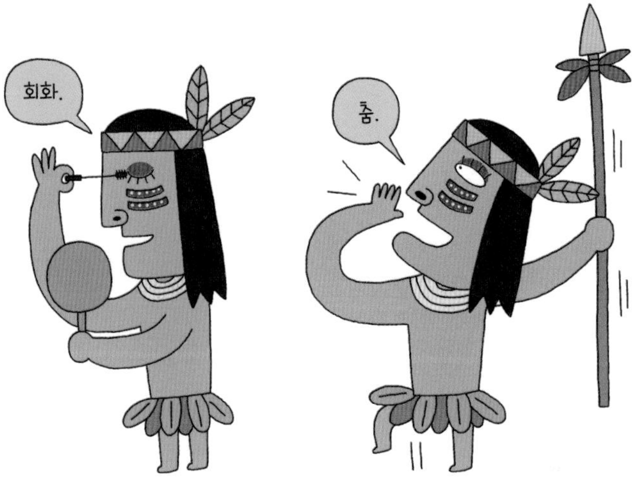


는 들소 사냥이다. 돌도끼에 형상을 새기는 일, 사냥춤을 추는 일, 얼굴을 장식하는 일 등은 생존에 직접적으로 도움을 주지 않는다. 그렇지만 구보 씨와 동료들은 이러한 일들을 통해 들소 사냥의 불안과 공포에서 벗어나 정서적인 안정을 찾는다. 생존에 직접적으로 도움이 되진 않을지라도 간접적으로는 도움이 되는 것이다.

간접적으로 도움이 되는 이 일들은 예술의 씨앗●이다. 조각, 무용, 그림 등은 이러한 일에서 비롯되었다. 따라서 예술은 생존을 간접적으로 돕는 일에서 비롯되었다고 할 수 있다. 이것을 뒷받침하는 더 많은 예가 있다.

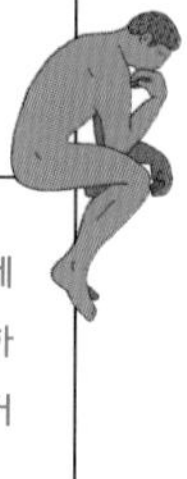

● 예술의 기원은 '코레이아Choreia'라고 불리는 원시 제의의 한 부분이었다고 한다. 척박한 환경에서 신에게 자신들의 안녕과 풍요를 비는 원시 제의는 매우 중요한 의례였다. 모두가 하나가 되기 위해 몸에 칠을 하고 노래를 부르고 춤을 추던 것, 그리고 영매가 신탁을 노래에 담아 전달하던 것이 훗날 주술적 요소가 제거되면서 회화, 음악, 춤, 시 등의 예술로 등장하게 되었다는 것이다.

예컨대 기하학적 문양은 거칠고 위험한 자연적 공간에 질서를 부여하는 일이다. 거의 모든 지역에서 나타나는 추상적 형식도 마찬가지다. 추상적 형상은 자연을 이해할 수 있는 형식으로 정리하는 일이다. 일정한 규칙을 지닌 음악적 선율은 시간적 질서를 통해 자연에 질서를 부여하는 일이다. 오늘날에도 어떤 원시 부족은 폭풍우가 몰아닥치면 반복되는 노래를 부르며 위험에서 벗어나려고 한다. 일정한 운율을 지닌 시적 언어도 음악적 선율과 유사한 효과를 의도하고 있다. 화장이나 장식도 거친 자연과 조화를 이루려는 일이다. '화장'이라는 뜻을 가진 코스메틱Cosmetic은 '질서와 조화'를 의미하는 코스모스Cosmos에서 나온 말이다. 원시 부족의 구성원들

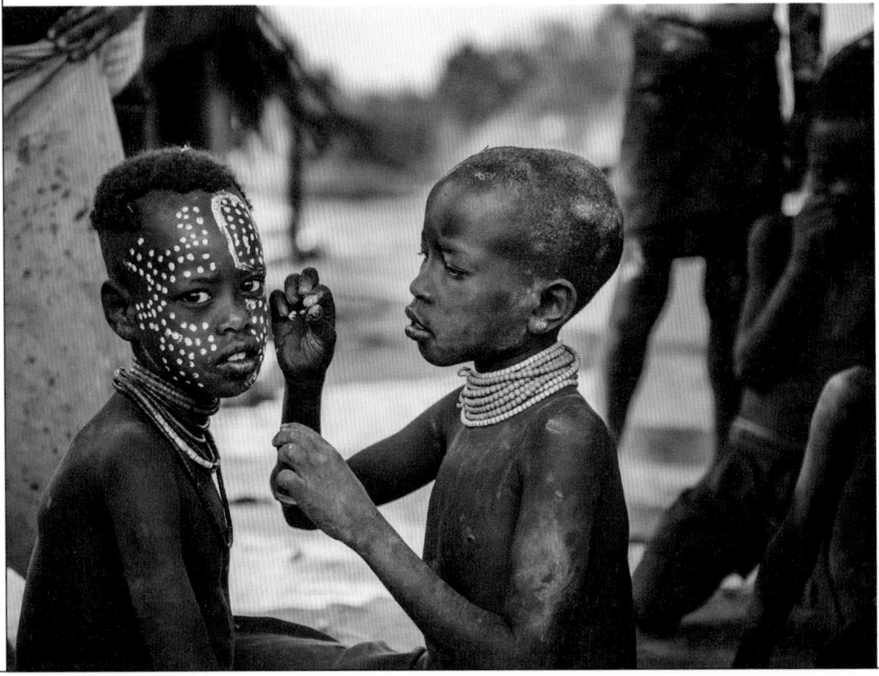

은 온몸에 기름을 바르고 색칠을 하는 등 화장을 함으로써 미완성 상태인 거친 자신의 몸에 질서를 부여해 완성에 이른다. 몸에 대한 장식뿐만 아니라 거주지 주변에 돌을 쌓거나 조형물을 세우는 등의 환경적 장식도 자연에 질서를 부여하는 일에 해당한다. 그리고 몸을 움직이는 행위인 무용은 우주적 질서를 구현하려는 일로 볼 수 있다.

미술, 음악, 시, 건축, 무용 등의 원조에 해당하는 이러한 예술적 행위를 통해 인간은 불안정하고 위험한 자연을 조절해 나간다. 그런데 예술을 통한 자연 조절 행위는 식량과 주거지를 마련하고, 환경적 위험을 극복하는 것과 같은 일차적 조절 행위가 아니다. 그러한 일차적 조절 행위를 돕는 이차적 조절 행위다. 예술은 정서적인 부분을 뒷받침함으로써 일차적 조절 행위를 잘 해낼 수 있도록 도와준다. 이러한 의미에서 예술은 생존의 기술은 아니지만 생존을 북돋아 주는 기술인 것이다.

## 4. 나도 그들처럼

지금까지 번식과 생존의 측면에서 예술의 기원에 대한 진화심리학적 답변을 살펴보았다. 그런데 이 답변은 예술의 기원에만 유효하고 그 이후에 전개된 예술에는 적용할 수 없는 것일까? 진화심리학자들은 자신들의 논의를 태고의 예술뿐만 아니라 오늘날의 예술에도 적용할 수 있다고 주장한다. 왜 그럴까?

인간의 신체 구조와 심리 구조의 진화는 지금으로부터 약 600만 년 전부터 약 10만 년 전 사이에 아프리카의 사바나 지역에서 이루어졌다. 600만 년 전 시기에는 침팬지 계열과 인간 계열이 분리되어 초기 인류인 호미니드Hominid●가 출현한 것으로 추정된다. 또 10만 년 전에는 인류가 아프리카 사바나 지역에서 다른 지역으로 확산되기 시작한 것으로 짐작된다.

화석을 보면 10만 년 전에서부터 오늘날에 이르기까지 인간의 신체 구조는 변이와 자연선택을 통해 진화하지 않았으며 거의 동일하다. 진화심리학자들은 인간의 심리 구조도 마찬가지일 것이라고 추정한다. 그리고 그 근거로 뇌가 특별히 커지지 않았다는 점을 든다. 인간 문화의 진화를 담당해 왔던 뇌는 10만 년 전 무렵부터 크기가 더 이상 커지지 않고 지금까지 거의 같은 크기를 유지해 왔다. 따라서 뇌에 각인되어 있는 인간의 심리 구조 또한 10만 년 전부터 지금까지 거의 변하지 않았다는 것이 진화심리학자들의 주장이다.

이들의 주장에 따르면 인간의 신체 구조와 심리 구조는 약 600만 년 전에서부터 약 10만 년 전에 이르기까지 아프리카 사바나 지

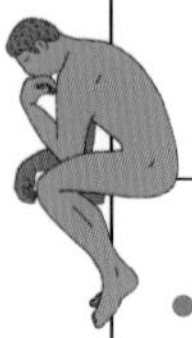

● 인류학자들의 연구에 따르면 인류는 대략 800만 년 전에서 500만 년 전 사이에 유인원에서 분리되었다. 이렇게 분리되어 나온 인류와 그 이후의 모든 인류를 통틀어 '호미니드'라고 부르는데, 여기에는 오스트랄로피테쿠스 같은 멸종인류와 현생인류가 모두 포함된다. 한편 침팬지와 고릴라처럼 유인원 중에서 인류가 아닌 나머지 동물들을 '호미노이드Hominoid'라고 부른다.

역에서 생존과 번식 문제를 해결하는 과정을 거치며 정립된 이후 크게 변하지 않았고, 모든 인간이 이것을 보편적으로 공유하고 있다는 결론에 이르게 된다. 이러한 점은 예술에 대한 진화심리학적 논의에도 적용된다. 즉, 미美나 예술과 연관된 인간의 심리 구조는 이렇게 정립된 이후 크게 변하지 않았으며, 모든 인류가 보편적으로 공유하고 있다는 것이다.

다음과 같은 몇 가지 예를 들 수 있다. 우리는 초원이 펼쳐진 풍경을 보며 아름다움을 느낀다. 왜냐하면 아프리카 사바나의 초원 지역이 인류의 진화기에 생존에 유리하게 작용했으므로 우리의 심리 구조 속에 그 지역에 대한 선호가 각인되어 계승됐기 때문이다. 우리는 추상예술을 선호한다. 왜냐하면 인류의 진화기에 아프리카 사바나 지역에서 자연의 위험에 적절히 대처하기 위해서는 핵심적 부분을 명료하게 추출해 내는 추상적 능력이 필요했기 때문이다. 우리는 삶과 죽음, 성과 사랑, 탐험과 투쟁, 사회적 갈등 등을 다룬 예술 작품에 흥미를 느낀다. 이러한 소재들이 인류의 진화기에 중요하고 진지하게 다루어진 생존과 번식의 과제였기 때문이다. 이렇듯 진화심리학자들은 미와 예술에 대한 인간 심리의 '보편성'을 주장하며, 자신들의 논의를 오늘날의 인류와 예술에까지 적용할 수 있다고 이야기한다.

## 5. 삶을 위한 예술

예술의 기원에 대한 진화심리학적 답변이 제시하는 예술의 가장 큰 특징은 예술이 번식과 생존이라는 인간의 생물학적 필요를 충족해 주는 기술이라는 것이다. 여기서 생존에 더 주목하면, 예술과 생존적 필요의 연관성은 그다지 없어 보인다. 특히 근대 이후 서양에 등장한 '무관심성'이나 '예술을 위한 예술'이라는 개념은 예술과 생존적 필요의 연관성을 더욱 약해지게 만들었다. 이들 개념은 예술이 생존적 필요는 물론이거니와 경제적·윤리적·정치적 필요를

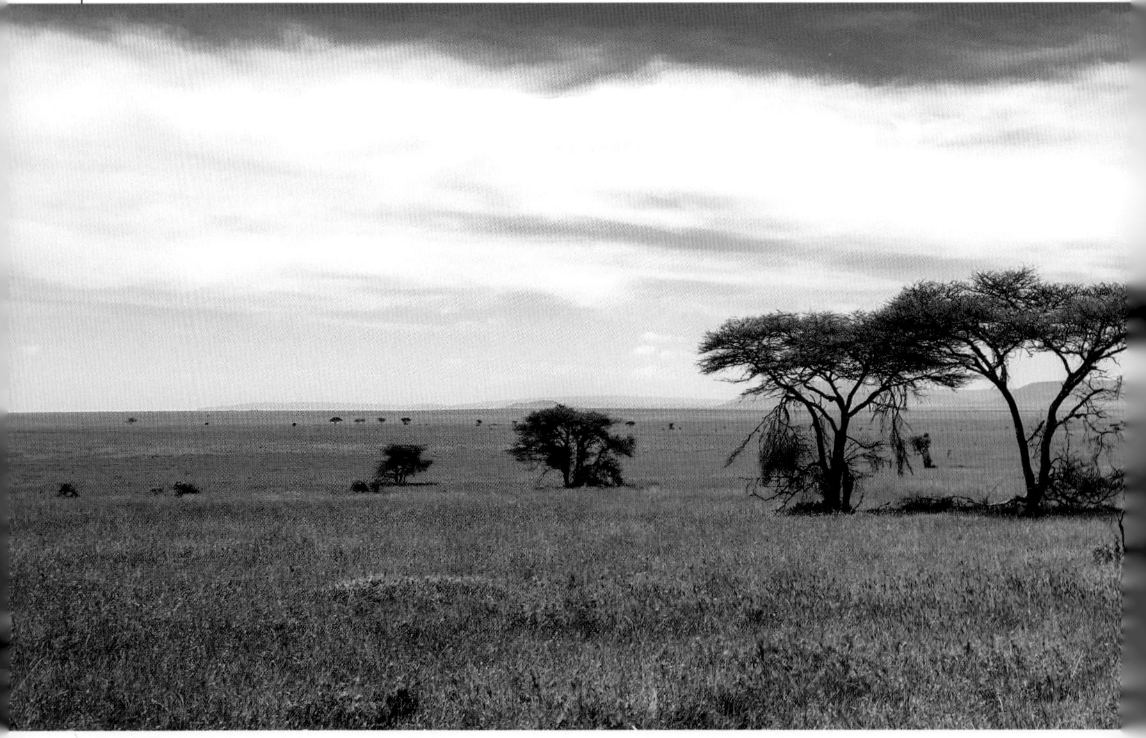

충족하는 일에서 멀어져야 한다고 주장했다. 이런 풍조는 일반인들에게도 큰 영향을 주었다. "예술은 우정이 그러하듯, 생존의 기술을 가르치는 것이 아니라 생존 후의 가치를 가르친다."라는 서양의 경구는 예술에 대한 일반적 가치관을 담고 있다.

예술과 생존적 필요의 분리는 예술에 생존의 세계에서 벗어난 미적 자율성을 부여하는 데 기여했다. 그러나 벗어나는 정도가 클수록 예술은 생존 영역에서의 중요성을 잃어 갔다. 예술은 생존 후의 가치이기 때문에 생존이 여유롭지 않을 때는 수행하기 힘들다. 예술은 살아남은 뒤에 즐기는 나머지 활동으로 여겨진다. 그런데

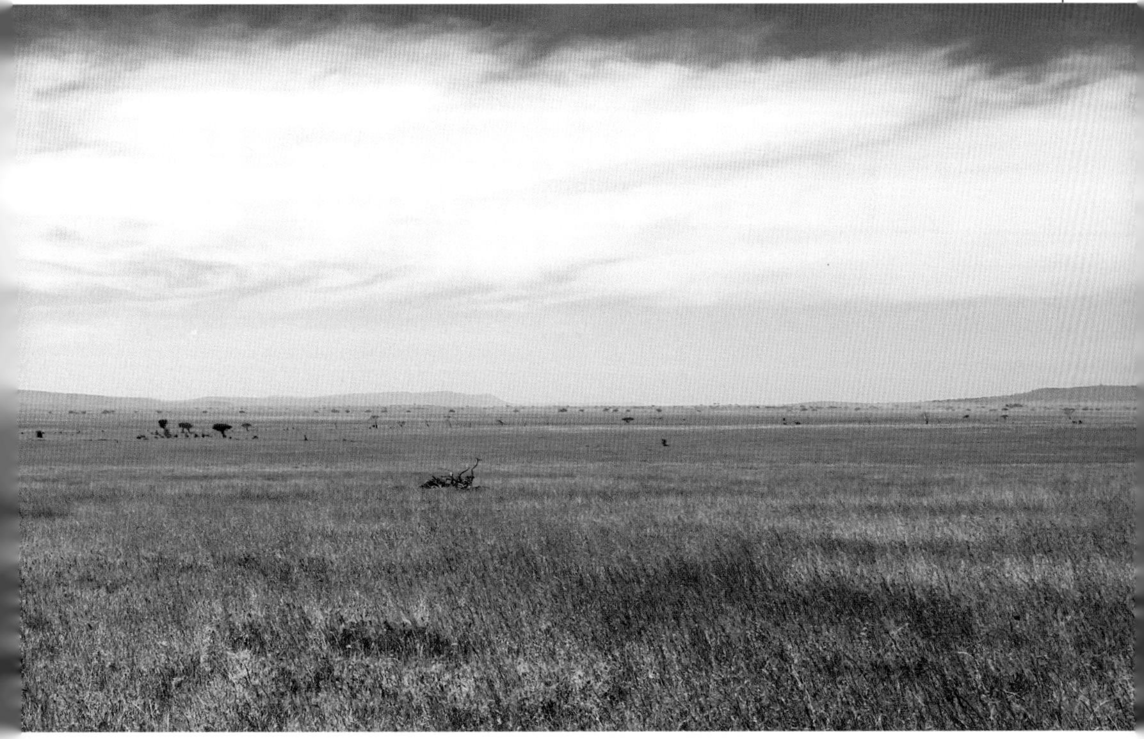

과거는 물론이거니와 산업화가 급속도로 진행된 오늘날까지도 대부분의 평범한 사람에게 생존은 쉬운 일이 아니다. 그렇다면 대부분의 평범한 사람은 예술의 영역 밖에 놓이게 되며, 예술은 생존이 여유로운 소수만의 향유물이 된다. 예술과 생존의 분리는 예술에 대한 일반인의 무관심, 그리고 예술의 엘리트화를 낳을 수 있는 것이다.

그러나 진화심리학은 예술과 생존의 분리에 도전한다. 앞서 언급했듯이 진화심리학은 예술이 생존 이후의 가치가 아니라 생존을 북돋아 주는 기술이라는 점을 강조한다. 불안하고 위험한 생존의 세상에 대처하는 감정의 기술이 예술인 것이다. 따라서 생존이 힘들어도 예술은 수행되어야 하며, 예술을 통해 우리의 생존은 여유로워질 수 있다. 예술의 기원에 대한 진화심리학적 답변은 근대 이후 간과되었던 예술과 생존의 관계를 분명히 함으로써 예술의 존재 이유와 기능을 우리의 삶 속에 깊이 아로새겨 준다.

# 원한파

진화심리학의 초석이 된 책으로 리처드 도킨스Richard Dawkins의 『이기적 유전자The Selfish Gene』를 들 수 있다. 이 책에는 집단의 구성원과 관련된 흥미로운 대목이 있다. 이 대목을 각색하여 설명하면 다음과 같다.

집단에는 세 부류의 구성원이 존재한다. '선심파', '사기꾼파', '원한파'. 옛날에 양들이 모여 살고 있었다. 늑대는 호시탐탐 양들을 잡아먹을 기회를 노리고 있었다. 마침내 평화로운 양들의 마을에 늑대가 들이닥쳤다. 날카로운 이빨을 드러내며 다가서는 늑대를 먼저 목격한 양은 '선심파' 소속이었다. 이 선심파 양은 무리를 돌아다니며 "늑대다!"라고 외쳐 동료 양들을 도망치게 해 주었다. 그렇지만 선심파 양은 선심을 베푸느라 늦게 대피하는 바람에 목숨을 잃을 뻔했는데 구사일생으로 간신히 목숨을 건졌다.

다시 평화가 찾아왔다. 그러나 또다시 늑대가 공격해 왔다. 이번에 늑대를 처음 목격한 양은 '사기꾼파' 소속이었다. 이 양은 지난번 늑대의 공격 때 선심파 양에게 매우 큰 도움을 받아 살아남을 수 있었다. 사기꾼파 양이 구석진 곳에서 한가로이 풀을 뜯다가 대피 경보를 못 들었는데 선심파 양이 일부러 다가와 대피를 도와주었던 것이다. 그럼에도 사기꾼파 양의 반응은 지난번 선심파 양의 반응과는 180도 달랐다. 사기꾼파 양은 늑대를 보자마자 혼자 줄행랑을 쳐 버렸다. 양들의 무리로 돌진한 늑대는 손쉽게 양을 잡아먹을 수 있었다. 희생양은 지난번 대피에 혁혁한 공을 세운 선심파 양이었다. 아, 무정한 하늘이여!

그런데 선심파와 사기꾼파 사이에 '원한파'라는 제3의 파가 있었다. 늑대가 나타나면 원한파 양은 선심파 양과 마찬가지로 다른 양들에게 대피하라고 경고하고는 함께 도망갔다. 그러나 자신이 도와주었던 사기꾼파 양이 다음에 혼자 도망가면, 원한파 양은 큰 원한을 품고 사기꾼파 양을 절대 돕지 않았다. 한 번 베풀면 한 번 받아야 하는 부류가 원한파인 것이다. 원한파 양은 오는 말이 고와야 가는 말이 고운 양이고, 기브 앤 테이크Give and Take의 원칙을 지키는 양이다.

이들 중에서 가장 많은 구성원을 유지하고 있는 파는? 생존에서 가장 유리한 고지를 차지하는 것은 당연히 사기꾼파다. 선심파는 도움을 주느라 잡아먹히고 도움을 못 받아서 잡아먹히기 때문에 개체 수가 점점 줄어든다. 원한파는 근근이 평균을 유지한다. 그런데 사기꾼파의 개체 수가 정점에 달하고 선심파의 개체 수가 바닥을 칠 때 변화가 일어난다. 사기꾼파는 서로를 돕지도 않고, 선심파에게서 도움을 받을 수도 없고, 원한파에게서 도움을 받을 수도 없기 때문에 늑대에게 쉽게 잡아먹히게 된다. 그리하여 사기꾼파의 개체 수는 급감하고, 결국은 원한파가 집단에서 다수를 차지하게 된다.

진화심리학에 따르면 인간도 예외는 아니다. 인간 집단의 다수는 원한파의 후손이다. 원한파의 후손은 한 번 밥을 사면 한 번 밥을 얻어먹기를 바란다. 자기가 영화표를 사면 상대편이 음료수와 팝콘을 사기를 원한다. 물론 선심파의 후손도 있지만 인간 사회의 다수는 아니다. 사기꾼파가 사회의 다수가 될 수 없듯이 말이다. 우리 사회의 다수가 원한파임을 기억하라. 그러므로 받으면 베풀라. 진화심리학이 전하는 간결한 지혜다.

# 제 8 장

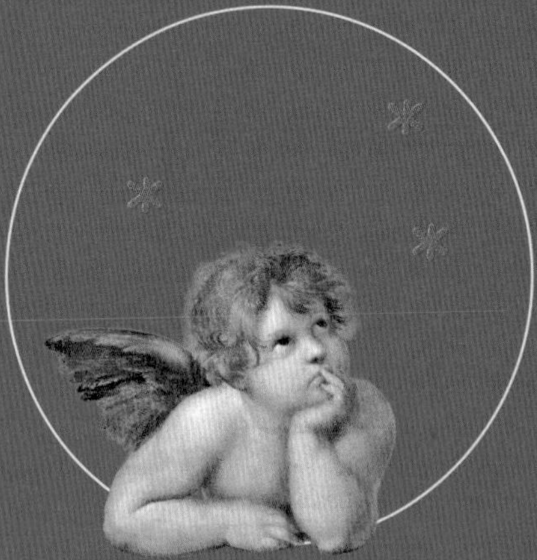

# 치고 달리며, 쓰고 지우며

경험으로서의 예술

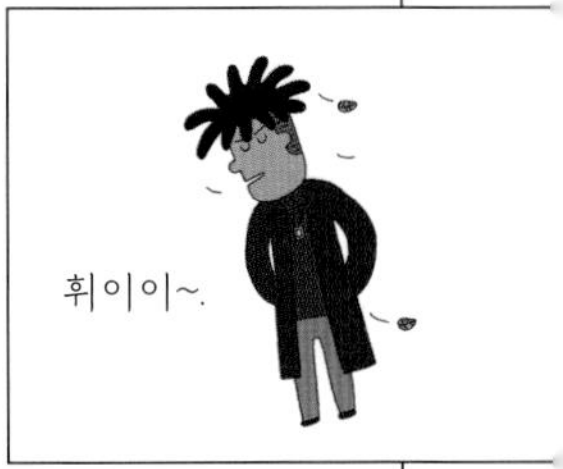


## 1. 뮤지엄과 산사

쭉 뻗은 길 양옆으로 나무들이 싱그럽다. 아침 일찍 길을 나선 구보 씨의 마음도 상쾌하다. 구보 씨는 모처럼 예술계 친구들과 여행에 나섰다. 오늘은 뮤지엄을 관람하는 날이다. 투어 버스가 뮤지엄에 도착했다. 왕실의 궁전 건물을 흉내 낸 뮤지엄의 위용이 대단하다. 뮤지엄을 둘러싸고 죽 늘어선 이 나라의 국기들이 거침없이 펄럭인다. 개선문 같은 입구를 통과하고 검색대를 거치고 나서 뮤지엄 안으로 들어섰다. 전시품이 너무 많아 어차피 오늘 하루에 다 볼 수는 없다. 수장고의 소장품은 현재 전시품의 수십 배다. 모두 보려면 몇 해가 걸린다고 한다. 구보 씨 일행은 각자 취향대로 관람하기로 하고 뿔뿔이 흩어진다.

구보 씨는 먼저 '도예 특별전'이 열리는 전시실로 갔다. 항아리,

주전자, 촛대, 수저, 찻잔 등이 자태를 뽐낸다. 양파, 오겹살, 브로콜리마저도 각종 보석으로 세세히 빚어 옥색 접시에 담아 두었다. 다음 전시실로 발걸음을 옮겼다. 조각상들이 가득하다. 신전이나 사원에 있던 신상이나 불상들이다. 대리석, 청동, 금, 철 등으로 만든 다양한 조각상들이 전시실을 가득 채웠다. 신전의 기둥 일부와 사원의 탑도 서 있다. 계단을 올라 위층 전시실로 갔다. 제법 시간이 지나, 걸음을 빨리했다. 그림도 보고, 고서와 문방구도 보고, 신석기와 청동기 유물도 보고, 장신구도 보고, 어느덧 뮤지엄 입구에서 예술계 친구들과 다시 만날 시간이 되었다. 다들 피곤하지만, 뿌듯한 표정이었다.

투어 버스에 올라 자리를 잡고 눈을 감았다. 어둠. 신상과 불상들이 구보 씨를 에워싼다. 구보 씨는 흠칫 놀란다. 뒤로 물러선다. 정수리에 무엇인가가 닿는다. 돌아보니, 그리스의 신상이 두 눈을 부릅뜨고 쳐다본다. 깜짝 놀라 눈을 뜬다. 마치 영화 〈인디아나 존스〉의 한 장면 같다. 가위에 눌린 것일까? 너무 피곤한 탓인가? 눈을 차창 밖으로 돌린다. 가로수가 햇살을 받아 눈부시다. 얼마 전 고향 마을 근처 산사에서의 하루가 떠올랐다. 산사로 가는 언덕길. 길옆의 노송들. 일주문을 통과해 대웅전 앞에 섰다. 석가여래 좌상이 구보 씨를 바라보며 미소 짓는다. 불교 신자는 아니지만 모자를 벗고 고개를 숙여 소원을 빌었다. 저 멀리 신선봉의 낙조가 구보 씨의 정수리와 대웅전과 석가여래 좌상을 포근히 감쌌다. 투어 버스는 뮤지엄에서의 경

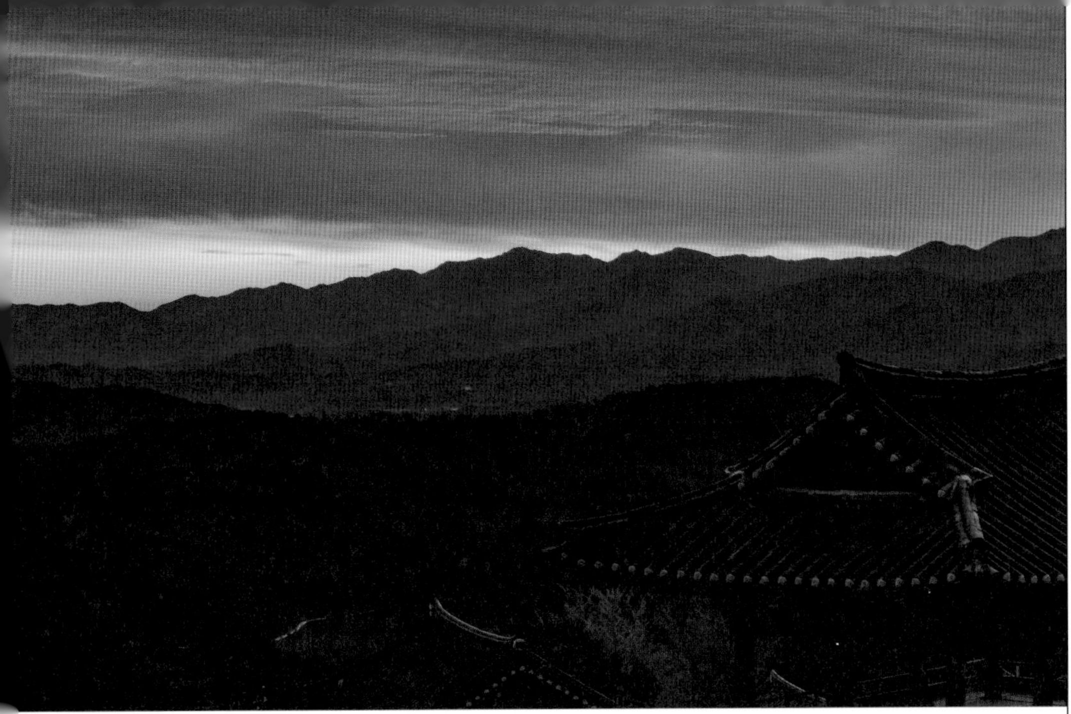

부석사, 경상북도 영주, 676년

험과 산사에서의 경험이 교차하는 구보 씨를 싣고 씽씽 달렸다.

## 2. 하나의 경험

예술이란 무엇인가? 경험이다. 미국의 철학자 존 듀이John Dewey (1859~1952년)의 답이다. 어떤 대상이나 사건을 소포클레스의 연극처럼 생생히 모방하는 것이야말로 예술이라고 보는 견해도 있었고, 가슴속에 피어나는 감정을 베토벤의 음악처럼 웅장하게 표현하는 것이야말로 예술이라고 여기는 주장도 있었다. 형형색색의 문양을 페르시아 주단처럼 빚는 것이야말로 예술이라고 칭송하는 생각도 있었다. 예술이 뭔지 모르는 게 낫다는, 그 무엇도 예술이 될 수 있다는, 예술은 욕망의 근사한 이름이라는 등등의 주장도 나왔다.

그런데 존 듀이는 『경험으로서의 예술Art as Experience』(1934년)에서 예술을 '경험'으로 규정한다. 접시 위에 케이크가 있다. 먹어 본

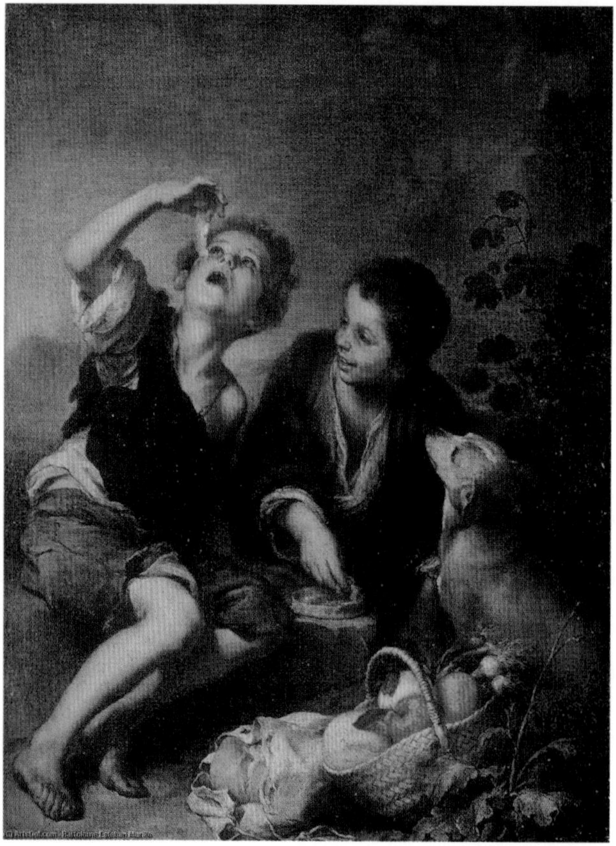

무리요, <파이를 먹고 있는 아이들>, 1665~1675년.

다. 맛있다. 달콤한 경험이다. 잠을 깨우는 알람이 울린다. 5분만, 5분만…… 결국 허겁지겁. 지각이다. 씁쓸한 경험이다. 여러 종류의 경험이 있다. 예술은 어떤 경험일까?

듀이에 따르면, 우리는 경험을 통해 세상과 상호작용하면서 세상을 부단히 재구성한다. 경험이란 우리가 "자신이 살고 있는 세상의 부분들과 상호작용하면서 얻은 결과물이다." 상호작용이 외적 방해나 내적 무기력으로 인해 분열과 충돌을 낳을 경우, 우리와 세상 사이에는 단절이 생긴다. 이때의 경험은 산만하고 분산된 경험이다. 이러한 산만하고 분산된 경험이 오래 지속될 경우 우리는 근근이 생존하거나 또는 죽는다. 그런 단절을 메우며 상호작용이 통일을 이루어 낼 때 우리는 발전하고 성장한다. 이때 얻게 되는 경험은 산만하고 분산된 경험이 아니라 '하나의 경험'에 가깝다.

하나의 경험은 다음 두 가지 특징을 지닌다. 첫째, 하나의 경험 속에서는 그 경험을 구성하는 연속적인 부분들 각각의 자기 고유성이 유지된다. 슬픈 경험은 슬픈 대로, 벅찬 경험은 벅찬 대로, 아픈 경험은 아픈 대로, 기쁜 경험은 기쁜 대로, 그 고유성을 유지한다. 둘째, 하나의 경험 속에서는 그 경험을 구성하는 연속적인 부분들이 이음새나 단절 없이 하나의 전체 속으로 통합된다. 통합이 반드시 해피 엔딩인 것은 아니다. 하나의 경험은 비극적 경험일 수도 있다.

자, 두 가지 조건을 결합해 보자. 하나의 경험이 이루어지기 위해서는 경험의 부분 부분이 그 자신의 고유성을 유지하면서 전체를 형성해야 한다. 부분들은 전체 속에 녹아들고 전체는 부분들의 개성을 침해하지 않는 상태를 이루어야 하는 것이다. 간추려 말해 '유기적 통일성의 상태'라고 할 수 있다. 이러한 상태에 도달할 때 경험은 극치를 이루어 내며 완성된다. 극치를 이루어 낸 완성된 경험이 바로 '하나의 경험'이다. 그리고 이때 우리는 경험하는 대상의 가장 통합적인 성질을 가장 강렬하게 경험한다.

예술은 '하나의 경험'이다. 여러분이 무엇인가를 만들 때 하나의 경험을 겪으면 여러분은 예술을 창조한 것이다. 여러분이 무엇인가를 관람할 때 하나의 경험을 겪으면 여러분은 예술을 감상한 것이다. 그 무엇만으로는 예술이 되지 못한다. 창작에서든 감상에서든 하나의 경험을 겪어야 그 무엇은 예술이 된다. 모방을 잘해야, 표현을 잘해야, 형식을 잘 꾸며야, 예술계의 인정을 받아야, 그 무엇도 상관없이 예술이 되는 것이 아니다. 경험을 잘해야 예술이 된다.

## 3. 일상 속 예술

그런데 하나의 경험이 예술 작품을 만들거나 감상할 때만 이루어지는 것은 아니다. 강변에서 자전거 타기, 온몸을 휘감는 내 영혼의 한 끼 식사, 친구들과 힘을 합쳐 이루어 낸 협동 과제의 마무리. 운동, 요리, 과제 등의 일상적 삶에서도 '하나의 경험'은 가능하다.

"숫이 예술이다.", "맛이 예술이다.", "일 처리가 예술이다." 등이 허튼 말이 아니다. 그렇다면 일상과 예술의 차이는 무엇일까? 차이는 예술이 일상보다 하나의 경험을 더 잘 이룰 수 있다는 점이다. 일상의 현실 세계에서보다 예술의 허구 세계에서 하나의 경험이 더 잘 구현된다. 예술 작품 속에서, 서로 다른 행동들이나 사건들 등에 대한 경험들은 각각의 고유한 특징을 상실하지 않으면서도 전체적 통일성 속으로 용해되고 융합됨으로써 하나의 경험을 구현한다.

듀이는 예술과 일상 사이에 경험이란 줄을 걸고 줄타기를 한다고 했다. 줄타기는 환호를 받는다. 일상도 하나의 경험을 이루면 예술이 된다. 줄타기는 위험을 감수한다. 예술도 하나의 경험을 못 이루면 일상이 된다. 예술인지 일상인지 경계가 모호하다는 비판도 많이 받는다. 왜 이런 줄타기를 하는 걸까?

진화심리학의 주장과 유사하게, 존 듀이는 예술의 기원이 일상적 삶에 있다고 여긴다. 근대 이후 예술과 일상적 삶의 본격적인 분리가 이루어진다. 듀이에 따르면, 분리에 결정적 기여를 한 것은 박물관과 미술관이다. 고대 그리스인들은 파르테논 신전에서 소원을 빌고 축제를 즐겼다. 다양한 신들의 조각상이 그리스인들의 간절한 소원을 들었고, 다양한 문양의 기둥들이 떠들썩한 축제를 떠받쳤다. 근대 이후 몇몇 강대국들은 곳곳을 식민지로 삼았고, 식민지의 예술품 등을 약탈해 제국 수도의 박물관과 미술관에 소장했다. 소장된 예술품들은 애초의 삶의 터전을 잃고 전시품이나 박제품이 되었다. 식민지의 동물들을 제국 수도의 동물원에 가둔 것과 별반 다르지 않다. 박물관은 문화재 보호를, 동물원은 자연보호를 앞세웠다.

훼손되거나 사라지거나 멸종되는 것보다는 나을 수 있다. 그렇지만 뮤지엄에서 장신구는 더 이상 옷을 여미지 않으며, 찻잔은 더 이상 덖은 잎을 품지 않으며, 신들의 조각상은 더 이상 일상의 소망에 귀 기울이지 않는다. 이제 예술은 일상적 삶에서 벗어나도 좋은 면책특권을 누린다.

듀이는 예술과 일상적 삶의 관계 복원을 바란다. 일상이 예술로 들어오고 예술이 일상으로 들어와 이루어지는 하나의 경험. 바로 경험으로서의 예술이 목적하는 바다. 우리가 일상과 예술 사이를 줄타기하는 까닭이기도 하다. 그러나 이제는 하늘에 총총한 별이 길들의 지도인 시대로 돌아가지는 못한다. 제우스의 신상과 디오니소스 축제는 과거의 일이다. 오늘날 어디에서 경험으로서의 예술이 목적하는 바를 이룰 수 있을까?

이 책의 들어가는 말인 '퍼즐 열기'에서 예로 든 리처드 세라의 〈기울어진 호〉나 프랭크 스텔라의 〈아마벨〉 등과 같은 작품을 '공공 예술'이라고 부른다. 공개된 장소에 설치된 조형예술 작품을 일컫는 말이다. '공공 미술'이라고 부르기도 하는 반면, '공공 음악'이나 '공공 문학'이라는 말은 거의 사용하지 않는다. 건축 비용의 일부를 조형예술 작품을 설치하는 데 사용해야 하는 법 또는 공공 기관의 지원 등에 따라 공공 미술은 설치된다. 우리나라를 포함해 세

아니시 카푸어, 〈클라우드 게이트〉, 2004~2006년.
황지해, 〈슈즈트리〉, 2017년.

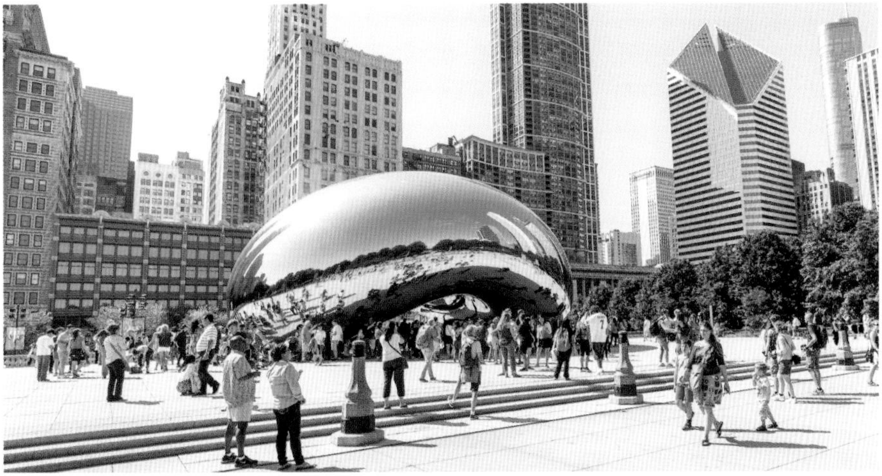

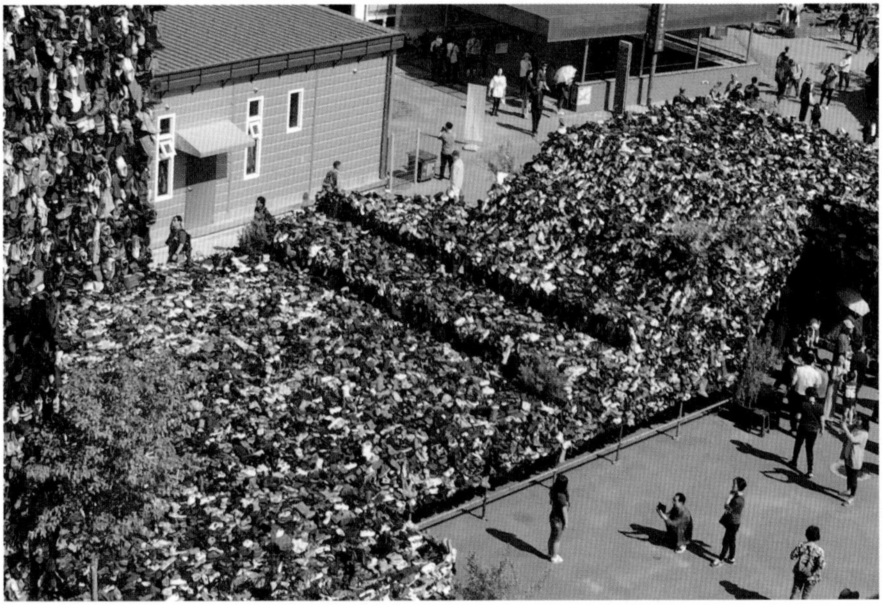

시카고 밀레니엄공원에 있는 도시를 비추는 둥근 스테인리스 조형물은 시민들에게 큰 사랑을 받았지만, 버려진 신발로 만든 서울로 7017 고가도로공원의 공공 미술 작품은 호불호 논란을 일으켰다.

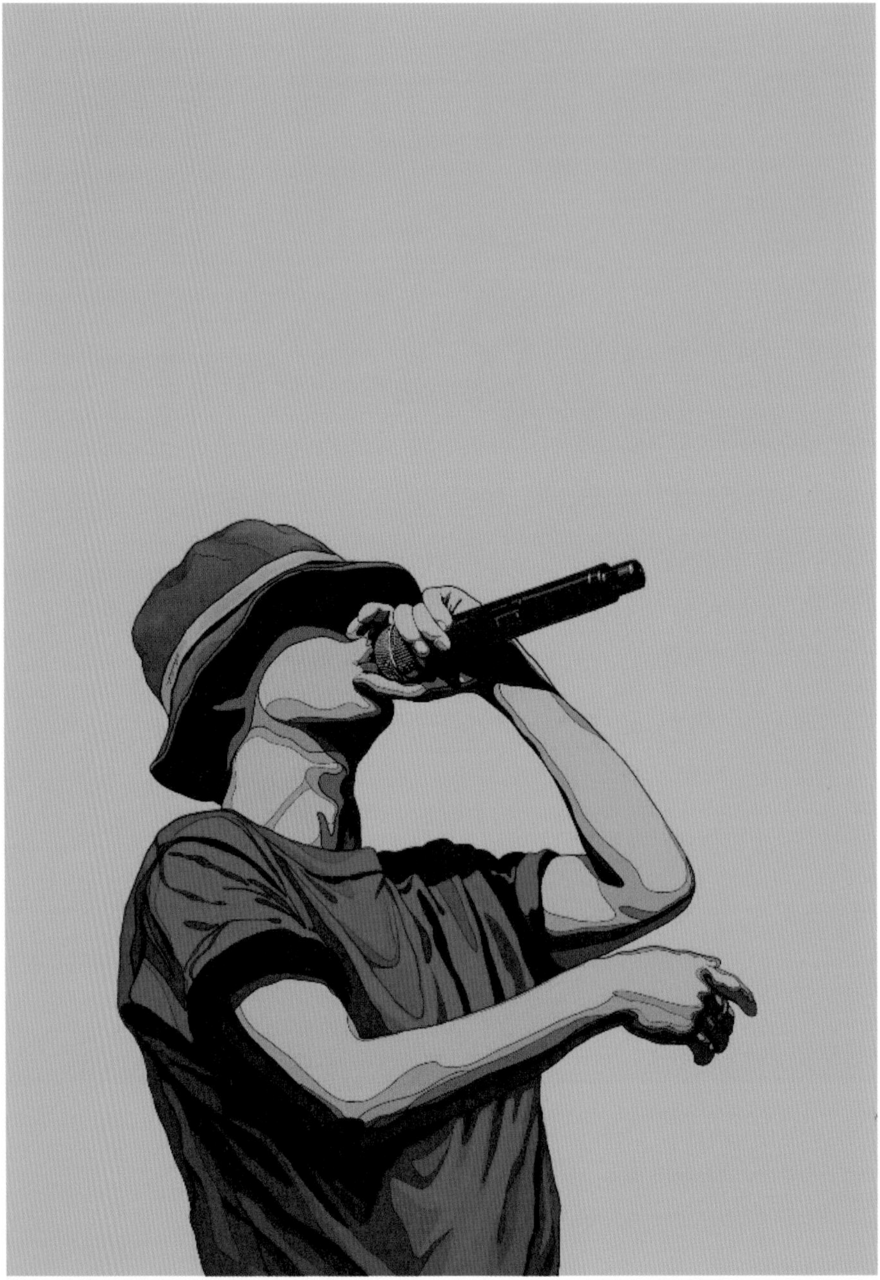

최유정, 〈고성〉, 2020년.

계 도처에 많이 설치되었다. 출근을 하며, 공원을 산책하며, 건물을 들어서며, 지하철 입구를 나오며, 천변을 달리며, 쇼핑을 하며, 해수욕을 하며 공공 예술을 경험할 수 있다. 때론 논란을, 심지어 미움도 불러일으킨다. 사랑도 많이 받는다. 공공 예술은 일상 공간 속 예술로서 하나의 경험을 이룰 주요한 후보다.

또 다른 후보로는 대중 예술을 들 수 있다. '대중 미술'이나 '대중 조형예술'이라는 말은 거의 사용하지 않는다. 앤디 워홀류의 팝아트가 미술의 한 가지 스타일이지만, 팝아트를 대중 미술로 간주하거나 번역하지는 않는다. 팝아트가 대중적 인기 스타나 대중적 인기 상품의 이미지를 빌리기는 한다.

그러나 팝아트는 대량 생산이나 대량 복제가 이루어지지 않는다는 점 등의 까닭으로 대중 예술은 아니다. 대중음악, 대중 영화, 대중 문학 등이 대중 예술의 주를 이룬다. 대중 예술은 다루는 소재나 내용이 일상적 삶과 가깝다. 그리고 대중 매체 등을 통해 일상적으로 접하기가 쉽다. 일상과의 이러한 가까움은 대중 예술을 일상 속 예술로 만든다. 그리고 영화관에서 〈보헤미안 랩소디Bohemian Rhapsody〉(2018년)를 보며 이른바 '떼창'을 하는 경우와 같이 대중 예술은 하나의 경험을 이루는 데도 부족함이 없다.

하나의 경험은 정신적 경험뿐만 아니라 육체적 경험을 통해서도 성취된다. 춤을 추고 노래를 부르며 땀을 흘리는 등 육체적 경험이 더해진 감상의 방식이 특히 대중음악에서는 흔하다. 몸과 마음이 하나가 되어 이룬 하나의 경험이라면 금상첨화다.

물론 공공 예술과 대중 예술만 후보인 것은 아니다. 디지털 아트 등의 새로운 예술뿐만 아니라 기존의 전통적 예술에서도 예술과 일상의 조화를 통해 하나의 경험을 이루는 후보를 실험할 수 있다. 우리의 일상을 살찌우는 예술에 대한 실험, 존 듀이의 실용주의적 권고다.

# 예술, 그 치유의 물길

청천벽력. 슬픔이 그럴 땐 노래도 당찮다. 침묵. 그리고 눈물. 하염없다. 고개를 들어 한쪽 벽에 늘 걸려 있던 그림을 본다. 한라산 풍경화의 화사함도 외면하고 싶다. 천둥의 슬픔이기에 대응은 적막이다. 그 어떤 소리로도 슬픔의 천둥소리를 막을 수는 없다. 차라리 적막과 어둠 속에서 견딜 뿐이다.

때론 시간과 세월이 약이다. 눈물과 한숨이 하염없을 때, 예술은 멈추어야 한다. 공연한 가락과 괜한 명구로 마음을 달래서는 안 된다. 고개를 들 힘이 생기면, 귀를 열 마음이 동하면, 그때 예술은 조심스레 상처에 다가가야 한다.

찢긴 마음이기에 조화로운 그림이 좋다. 자칫 슬픔의 연상을 불러일으키는 형상이 있는 사실적 그림보다는 단순하고 소박한 추상적 그림이 낫다. 슬픔을 들추는 가사의 노래보다는 시냇물 소리인 듯 청아한 악기음이 낫다. '잊어라, 잊어라' 하는 곡조보다는 잊히는 듯한 곡조가 좋다. 그렇기에 아직 사연 많은 소설이나 영화도 아니다. 모차르트의 〈오보에 협주곡 C장조〉, 김환기의 〈고요〉(1973년), 마크 로스코

Mark Rothko의 〈오렌지와 노랑〉(1956년) 등이 좋은 예가 될까? 그럴 가능성이 높지만, 취향의 문제이기도 하니 조금씩 천천히 음미하며 마음과 작품을 조율해야 할 터다.

혹독한 시간이 흐르고 마음이 추슬러진다면 이제 상처와 마주해야 한다. 상처를 헤아려야, 치유의 방법도 찾을 수 있다. 마냥 위로만 받을 수는 없다. 일단 마음 내키는 대로 그림을 그려 보자. 그림은 때론 마음속에 웅크리고 있는 상처를 드러낸다. 마음속 깊은 곳의 헤아릴 수 없는 상처가 그림 위로 드러나야 그 상처를 헤아려 치료하는 길도 열린다. 미술 치료의 시작이다.

치료의 발걸음을 내디뎠다면 이제 사연과 곡절의 소설과 영화도 괜찮다.

> 독서로 과거를 바꿀 수는 없다. 그러나 과거를 두려움 없이 똑바로 바라보게 할 수는 있다. 같은 생각을 품은 사람이 이 세상에 존재한다는 사실을 확인한 순간, 남에게 이해받는다는 것의 기쁨을 어렴풋하게나마 느낀 순간 소년이 자신도 모르게 사육하던 괴물은 자취를 감추었다.

김경욱의 소설 「위험한 독서」(2005년)에 등장하는 구절이다. 아프고 어려울 때 내 곁의 해결사가 최상이긴 하지만 이야기를 들어 주는 공감자도 고맙다. 사연을 주고받고, 같이 울고, 고개를 끄덕거리고, 맞장구치고. 그러다 보면 혼자가 아니라는 느낌을 통해 감정의 정화에 이른다. 카타르시스다. 섬세한 소설이나 영화는 그런 공감자의 역할을 하며 독자나 관람자의 마음을 치유한다.

쓰나미처럼 밀려온 마음 상처일지라도 치유는 물 흐르듯 이루어져야 한다. 옹달샘에서 냇물을 거쳐 강을 만나고 마침내 치유의 바다에 이르러야 한다. 예술은 옹달샘에서부터 바다에 이르는 물길의 순례다. 그 순례의 길 곳곳에 셰익스피어의 비극, 이중섭의 가족, 바흐의 칸타타, 우디 앨런의 코미디가 기다린다. 울고 웃으며 그러다 쉬며 우리의 영혼은 위로받는다.

# 나가는 말

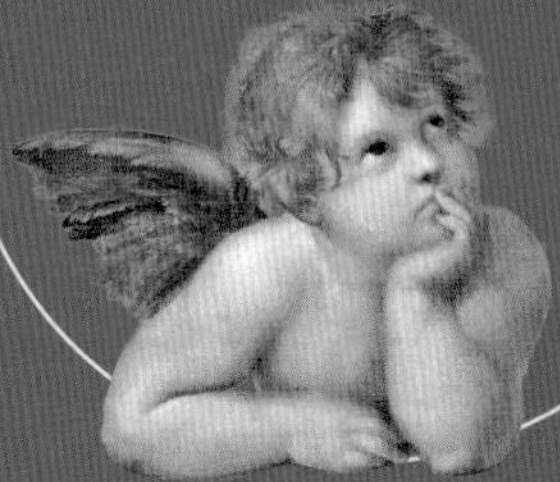

# 그대 곁의 예술

"산은 꿈이다. 깊은 꿈. 깨면 다시 꿀 엄두조차 낼 수 없는 깊은 꿈."

문학 평론가 김현의 말이다. 이 말은 김현의 문학관, 아니 예술관이 아닐까? 그렇다면 이 말은 이렇게 바뀌어도 좋을 것이다.

"예술은 꿈이다. 깊은 꿈. 깨면 다시 꿀 엄두조차 낼 수 없는 깊은 꿈."

얼마나 깊기에, 얼마나 웅숭깊기에 다시 꿀 엄두조차 내지 못할까? 얼마나 사무치기에, 얼마나 아득하기에 꿈에서만 꿀 수 있는 꿈일까? 이 예술관은 어디에 속할까? 모방론? 표현론? 아니면 형식론? 이제 그런 것은 중요하지 않다. 어디에 속하면 어떠랴. 예술이란 무엇인지를 물어 온 우리의 길은 이제 막바지에 이르렀고, 우리는 다시 일상으로 돌아가야 하는데.

그렇지만 일상으로 돌아가면 우리도 우리 곁에 꿈 같은 예술을 두자. 이상적 자연을 이루려 했던 제욱시스를 본받아 여러분의 일상을 다듬고 가꾸어도 좋다. 푸른 꽃을 찾아 나선 노발리스처럼 날개를 달고 평범한 일상을 훌쩍 도약시켜도 근사하다. 불면의 밤을 보내며 시를 쓴 키츠처럼 일상의 격정과 파고를 어루만져도 괜찮다. 슬픔이 사무칠 때 브람스의 교향곡과 더불어 눈물을 펑펑 쏟으며 카타르시스를 느껴도 좋다. 일상이 어수선하고 혼란스러울 때는 몬드리안의 그림을 보면서 상큼하게 웃어 보는 것은 어떨까? 삶이 숨 막히고 답답할 때 뒤샹의 〈샘〉처럼 일상을 거꾸로 세워 막혔던 숨을 토해 내자.

어떤 노래인지, 어떤 시인지, 어떤 그림인지는 중요하지 않다. 클래식인지, 대중 예술인지는 구분할 필요조차 없다. 여러분이 가장 좋아하는 곡을 목청 높여 부르고, 여러분이 쓰고 싶은 시를 자유로이 쓰고, 여러분이 그리고 싶은 그림을 마음껏 그려라. 음악의 장단에 맞추어 땀을 뻘뻘 흘리며 춤을 추고, 한 편의 시에 가슴 사무쳐 훌쩍 여행을 떠나고, 예술보다 아름다운 설악의 대청을 향해 신발 끈을 고쳐 매라.

혹 누군가가 여러분에게 왜 그런 예술을, 왜 그런 방식으로 즐

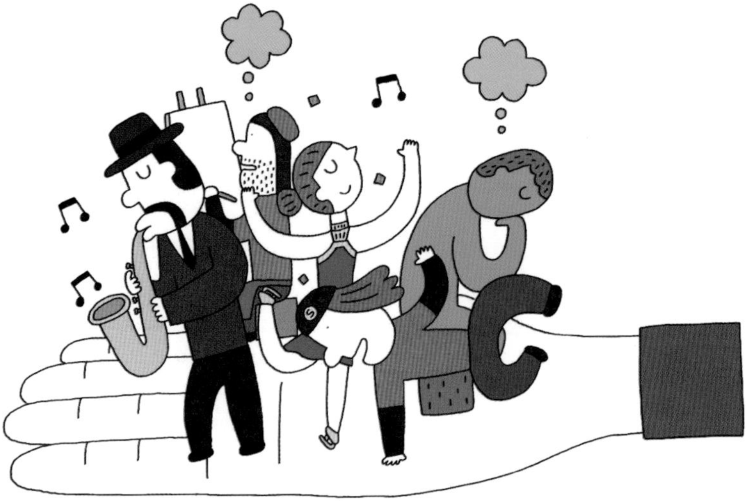

기느냐고 묻는다면 그때 이 책의 한 구절을 빌려 대답할 수 있을까? '예술이란 무엇인가?'를 두고 오랜 시간 동안 다양한 시각에서 이루어진 답변들을 죄다 살펴보겠다고 의욕을 부렸지만, 그것은 지키지 못할 약속이 되어 버렸다. 퍼즐을 열고는 마치 명쾌하게 닫을 것처럼 허풍을 떨었지만 그 퍼즐은 닫히지 않는 퍼즐이 되어 버렸다. 예술은 닫힌 것을 죄다 열어 퍼즐로 만들어 버리는 것이라는 옹색한 변명만이 남게 되었다. 선택과 향유는 여러분의 몫이라면서 책임만 전가하게 생겼다.

"예술은 행복에 대한 지켜지지 않는 약속이다."

독일의 현대사상가 테오도어 아도르노Theodor W. Adorno(1903~1969년)의 말이다. 그렇다면 이 책은, 예술인가?